IMPLEMENTANDO A GESTÃO DE RISCOS NO SETOR PÚBLICO

RODRIGO FONTENELLE DE A. MIRANDA

Prefácio
Valdir Moysés Simão

IMPLEMENTANDO A GESTÃO DE RISCOS NO SETOR PÚBLICO

2ª edição revista, ampliada e atualizada
1ª reimpressão

Belo Horizonte
FÓRUM
CONHECIMENTO JURÍDICO
2023

© 2018 Editora Fórum Ltda.
2021 2ª edição revista, ampliada e atualizada
2023 1ª reimpressão

É proibida a reprodução total ou parcial desta obra, por qualquer meio eletrônico, inclusive por processos xerográficos, sem autorização expressa do Editor.

Conselho Editorial

Adilson Abreu Dallari
Alécia Paolucci Nogueira Bicalho
Alexandre Coutinho Pagliarini
André Ramos Tavares
Carlos Ayres Britto
Carlos Mário da Silva Velloso
Cármen Lúcia Antunes Rocha
Cesar Augusto Guimarães Pereira
Clovis Beznos
Cristiana Fortini
Dinorá Adelaide Musetti Grotti
Diogo de Figueiredo Moreira Neto (*in memoriam*)
Egon Bockmann Moreira
Emerson Gabardo
Fabrício Motta
Fernando Rossi
Flávio Henrique Unes Pereira

Floriano de Azevedo Marques Neto
Gustavo Justino de Oliveira
Inês Virgínia Prado Soares
Jorge Ulisses Jacoby Fernandes
Juarez Freitas
Luciano Ferraz
Lúcio Delfino
Marcia Carla Pereira Ribeiro
Márcio Cammarosano
Marcos Ehrhardt Jr.
Maria Sylvia Zanella Di Pietro
Ney José de Freitas
Oswaldo Othon de Pontes Saraiva Filho
Paulo Modesto
Romeu Felipe Bacellar Filho
Sérgio Guerra
Walber de Moura Agra

FÓRUM
CONHECIMENTO JURÍDICO

Luís Cláudio Rodrigues Ferreira
Presidente e Editor

Coordenação editorial: Leonardo Eustáquio Siqueira Araújo
Aline Sobreira de Oliveira

Rua Paulo Ribeiro Bastos, 211 – Jardim Atlântico – CEP 31710-430
Belo Horizonte – Minas Gerais – Tel.: (31) 99412.0131
www.editoraforum.com.br – editoraforum@editoraforum.com.br

Técnica. Empenho. Zelo. Esses foram alguns dos cuidados aplicados na edição desta obra. No entanto, podem ocorrer erros de impressão, digitação ou mesmo restar alguma dúvida conceitual. Caso se constate algo assim, solicitamos a gentileza de nos comunicar através do *e-mail* editorial@editoraforum.com.br para que possamos esclarecer, no que couber. A sua contribuição é muito importante para mantermos a excelência editorial. A Editora Fórum agradece a sua contribuição.

M672i Miranda, Rodrigo Fontenelle de A.

Implementando a gestão de riscos no setor público/ Rodrigo Fontenelle de A. Miranda. 2. ed. 1. reimpressão. – Belo Horizonte : Fórum, 2021.

204p.
ISBN: 978-65-5518-150-0

1. Gestão Pública. 2. Administração Pública. I. Título.

CDD 350
CDU 351

Informação bibliográfica deste livro, conforme a NBR 6023:2018 da Associação Brasileira de Normas Técnicas (ABNT):

MIRANDA, Rodrigo Fontenelle de A. *Implementando a gestão de riscos no setor público.* 2. ed. 1. reimp. Belo Horizonte: Fórum, 2021. 204p. ISBN 978-65-5518-150-0.

Aos meus filhos Dante e Lucca, por me lembrarem a cada dia do que realmente importa na vida, e à minha esposa Letícia, pela compreensão, apoio e amor.

AGRADECIMENTOS

Agradeço, primeiramente, a você, Letícia. Quando decidi escrever esse livro, nosso primeiro filho tinha acabado de nascer. O momento pessoal talvez não fosse o mais oportuno, mas você me apoiou e entendeu meus motivos profissionais desde o primeiro momento. Não teria conseguido sem você, tchuca!

Agradeço também a você, Dante. Desde que você nasceu, o papai tem buscado se tornar uma pessoa cada vez melhor. Seu sorriso justifica qualquer esforço extra para que um dia você tenha muito orgulho do seu pai. Ouvir você dizer pa-pai foi o que precisei para ter forças para concluir esta obra. Obrigado a você também, Lucca. Você é um grande desafio e o papai aqui ama isso, você sabe. Amo vocês!

Gostaria também de agradecer a meu Pai, Mãe (*in memoriam*), Tetê, Beta, Giselle, Jordana, Mateus, Cauã, Gabi, Matheus, Paulo, Jairo, Cizinha, Nick e Rodolfo. Vocês são a melhor família que alguém poderia ter.

Meu agradecimento especial ao Ministro Valdir Simão, idealizador e defensor de iniciativas como a Instrução Normativa MP CGU nº 01/2016 e o Programa de Integridade do Ministério do Planejamento. Obrigado pela confiança, amizade e por ter aceitado prefaciar este livro.

Por fim, gostaria de agradecer a meus colegas de trabalho, que tanto têm me ajudado e ensinado nesse difícil, mas gratificante, trabalho de implementar a gestão de riscos no setor público. Obrigado, Silvio, Vera, Zé, Illana, Aline, Alexandre, Dacy, Maury, Mário, Andréa, Deborah, Juliêta, Leonel, Bessa. Agradeço também ao Ministro Dyogo Oliveira e aos secretários executivos Francisco Gaetani e Esteves Colnago, pelo apoio irrestrito ao projeto no âmbito do Ministério do Planejamento, e ao governador Romeu Zema, pela confiança.

Há um grande desejo em mim de sempre melhorar.

Melhorar. É o que me faz feliz.

E sempre que sinto que estou aprendendo menos, que a curva de aprendizado está nivelando, ou seja o que for, então não fico muito contente.

E isso se aplica não só profissionalmente, como piloto, mas como pessoa.

(Ayrton Senna)

SUMÁRIO

NOTA À SEGUNDA EDIÇÃO 15

PREFÁCIO DA PRIMEIRA EDIÇÃO
Valdir Moysés Simão 17

APRESENTAÇÃO DA PRIMEIRA EDIÇÃO 21

CAPÍTULO 1
GOVERNANÇA? INTEGRIDADE? *COMPLIANCE*? RISCOS? CONTROLES INTERNOS? 23
1.1 Governança 24
1.2 Riscos 31
1.3 Controles internos 32
1.4 Integridade/*compliance* 34

CAPÍTULO 2
GESTÃO DE RISCOS: UM DESAFIO POSSÍVEL 39
2.1 Origem e conceituação 40
2.2 Mitos e verdades 43

CAPÍTULO 3
PRINCIPAIS ESTRUTURAS DE GERENCIAMENTO DE RISCOS 49
3.1 Coso GRC ou Coso II e Coso 2017 49
3.2 ABNT NBR ISO 31000 61
3.3 *The Orange Book* 68
3.4 O modelo das três linhas do IIA 2020 71

CAPÍTULO 4
INICIATIVAS NO SETOR PÚBLICO 79
4.1 Instrução Normativa Conjunta MP/CGU nº 1/2016 – IN 80
4.2 Decreto Federal nº 9.203/2017 85
4.3 Gestão de riscos no setor público 89
4.3.1 Ministério da Previdência Social 90
4.3.2 Banco Central do Brasil 93
4.3.3 Ministério da Fazenda 96
4.3.4 Governo do Distrito Federal – GDF 97
4.3.5 Ministério do Planejamento, Desenvolvimento e Gestão – MP 99
4.3.6 A implementação da gestão de riscos na CGE-MG 104

CAPÍTULO 5
CONTEXTO E AMBIENTE INTERNO 113
5.1 Governança e cultura de riscos 117
5.2 Apoio da alta administração 119
5.3 Recursos humanos e competência 120
5.4 Estrutura organizacional, autoridade e responsabilidade 121

CAPÍTULO 6
FIXANDO OBJETIVOS 125
6.1 Apetite e tolerância a riscos 127

CAPÍTULO 7
IDENTIFICANDO RISCOS 137
7.1 Categorias de eventos 138
7.2 Técnicas 141

CAPÍTULO 8

AVALIANDO RISCOS 153

8.1 Risco inerente x risco residual 156
8.2 Matriz de riscos 157

CAPÍTULO 9

TRATANDO RISCOS 163

9.1 Resposta aos riscos 164
9.2 Atividades de controle 169
9.3 Avaliação dos controles existentes 173

CAPÍTULO 10

REPORTANDO RISCOS 177

10.1 Informações 178
10.2 Comunicações 180

CAPÍTULO 11

MONITORANDO RISCOS 185

11.1 Indicador-chave de risco 188

CONCLUSÃO 193

ANEXO 195

REFERÊNCIAS 197

NOTA À SEGUNDA EDIÇÃO

É com imensa alegria que redijo essa Nota à segunda edição. A primeira edição deste livro foi esgotada em menos de dois meses, razão pela qual, depois disso, tivemos mais duas reimpressões. Por esse motivo, gostaria de agradecer a todos os que confiaram nesse trabalho. Muito obrigado!

Esta edição traz algumas importantes alterações em relação à primeira. Vamos a elas:

- Atualização do documento do COSO 2017. Na edição anterior tinha apresentado o *draft* que ainda estava em consulta. Agora apresento os principais pontos do documento oficial, lançado em 2017, em item específico e ao longo de diversas partes do livro.
- Atualização da ISO 31000. Na edição anterior ainda tínhamos vigente o documento de 2009. Nesta edição já consta a versão 2018.
- Atualização do modelo de três linhas de defesa, atualmente, modelo de três linhas do IIA, revisado em 2020.
- Inserção de considerações sobre o Decreto nº 9.203/2017, principal legislação vigente em âmbito federal sobre o tema.
- Case de gestão de riscos referente ao desastre de Brumadinho, na perspectiva das corporações envolvidas no resgate, em forma de artigo, publicado por mim em 2019.
- Implementação da gestão de riscos no âmbito da Controladoria-Geral do Estado de Minas Gerais.
- Atualização do Referencial Básico de Governança Pública do TCU, publicado em 2020.
- Melhorias na redação e correção de pequenos erros.

Espero que gostem e, mais do que isso, que os assuntos abordados nesta obra possam ajudá-los na implementação da gestão de riscos na sua organização.

Boa leitura!

PREFÁCIO DA PRIMEIRA EDIÇÃO

Inovar não é tarefa fácil. Não é algo trivial. Requer liderança, desprendimento e um ambiente organizacional propício e amigável à mudança. Na Administração Pública, requer ainda certa dose de coragem, considerando a responsabilidade dos gestores e possíveis consequências quando o resultado alcançado com a inovação não é o que se espera. Há tempos discute-se a necessidade de adoção de mecanismos de gerenciamento de riscos no âmbito do setor público. Apesar da notória evolução gerencial observada na Administração Pública nos últimos vinte anos, a gestão de riscos ainda é um paradigma a ser alcançado. Muitas organizações ainda praticam um modelo de controle burocrático, de origem daspiana, com foco nas normas e nos procedimentos e não nos resultados.

O controle baseado em riscos é recomendação recorrente dos órgãos de controle, em especial o Tribunal de Contas da União. Na tentativa de romper com o controle burocrático e simplificar processos administrativos, o Decreto-Lei nº 200, de 1967, já recomendava a supressão de controles puramente formais ou cujos custos fossem evidentemente superiores aos riscos. No nível federal, algumas organizações públicas arriscaram-se na gestão de riscos, mas nem todas tiveram sucesso. A rara literatura sobre o tema aplicável à Administração Pública, a ausência de uma doutrina específica que guiasse os passos dos gestores interessados em internalizá-la em seus órgãos e a compreensível insegurança desses em investir recursos públicos em algo ainda não maduro no setor público contribuíram para a demora na disseminação da gestão de riscos.

Essa lacuna foi preenchida com a edição da Instrução Normativa Conjunta nº 1, do Ministério do Planejamento, Orçamento e Gestão e da Controladoria-Geral da União. Publicada em maio de 2016, a norma estabeleceu prazo de doze meses para que os órgãos e entidades do Poder Executivo Federal instituíssem suas respectivas políticas de gestão de riscos, considerando os seguintes objetivos: (i) assegurar que os responsáveis pela tomada de decisão, em todos os níveis do órgão ou entidade, tenham acesso tempestivo a informações suficientes quanto aos riscos aos quais está exposta a organização, inclusive para determinar questões relativas à delegação, se for o caso; (ii) aumentar a probabilidade de alcance dos objetivos da organização, reduzindo os riscos a níveis aceitáveis; e (iii) agregar valor à organização por meio da melhoria dos processos de tomada de decisão e do tratamento adequado dos riscos e dos impactos negativos decorrentes de sua materialização.

Importante registrar também a contribuição trazida pela Lei Anticorrupção (Lei nº 12.846/2013) ao estimular as empresas a adotarem mecanismos de integridade efetivos para atenuação de penalidades decorrentes de sua responsabilidade objetiva, nos casos de atos lesivos à Administração Pública nacional e estrangeira tipificados na norma. E a gestão de riscos é componente obrigatório dos programas de integridade. Agora, os programas de integridade, antes exclusivos da iniciativa privada, começam a ser adotados também nos órgãos públicos federais por incentivo do Ministério da Transparência e Controladoria-Geral da União e do Tribunal de Contas da União. Esse movimento virtuoso já alcança também alguns estados e municípios. Ao tratar das empresas públicas e sociedades de economia mista, a recente Lei nº 13.303/2016 obriga as estatais a também adotarem mecanismos de integridade e gestão de riscos em seus sistemas de governança.

Com a publicação desta obra, outra lacuna é preenchida. De forma didática, objetiva e competente, com o conhecimento e autoridade de quem tem formação acadêmica e reconhecida experiência profissional na área e desempenhou papel central na elaboração da Instrução Normativa Conjunta nº 1, o autor contribui significativamente para facilitar a implantação da gestão de riscos na Administração Pública.

A obra explora as principais estruturas de gestão de riscos atualmente existentes e oferece ao leitor um verdadeiro guia prático para a adoção dessa importante ferramenta de gestão. Por outro lado, afasta alguns mitos que inibem a adoção da gestão de riscos, entre eles o possível aumento de trabalho e de custos e a burocratização e enrijecimento dos processos decisórios. Esclarece ainda que é possível construir um bom modelo de gestão de riscos sem o auxílio de consultorias externas especializadas ou sistemas informacionais sofisticados. É, portanto, leitura obrigatória para todo gestor público que precisa implantar ou aprimorar a gestão de riscos em sua organização.

Como resume o autor, a gestão de riscos preserva e agrega valor à organização, contribuindo fundamentalmente para a realização de suas metas de desempenho, objetivos e cumprimento de sua missão, representando mais do que um mero conjunto de procedimentos e políticas de controle. Acrescento que a existência de uma política de gestão de riscos aderente a uma doutrina emanada pelos órgãos centrais de gestão e controle vincula as ações destes na supervisão dos órgãos jurisdicionados. Portanto, protege o próprio gestor quando da constatação de ocorrências negativas não identificadas como risco por eventual falha ou desatualização da doutrina. Por fim, ao auxiliar no cumprimento da missão estatal, a principal beneficiária da adoção da gestão de riscos é a própria sociedade, que, financiadora e destinatária das políticas públicas, espera que a ação governamental seja eficiente, eficaz, transparente, ética e transformadora.

Valdir Moysés Simão

Advogado, com especialização em Direito Empresarial e em Gestão da Arrecadação de Recursos da Seguridade Social. É Master em Direção e Gestão de Sistemas de Seguridade Social pela Universidade de Alcalá, Espanha. Auditor-Fiscal da Receita Federal do Brasil por 29 anos, atualmente aposentado. Foi Ministro da CGU e do Planejamento, é coautor do livro *O Acordo de Leniência na Lei Anticorrupção: Histórico, Desafios e Perspectivas* (Trevisan, 2017) e autor da obra *Manual de Sobrevivência do Administrador Público* (Trevisan, 2020).

APRESENTAÇÃO DA PRIMEIRA EDIÇÃO

Escrever um livro sobre gestão de riscos no setor público, como todo projeto, envolve riscos e oportunidades. Quando tive a ideia de escrever esta obra, decidi colocar em prática todo o aprendizado teórico e prático acumulado sobre o tema, seguindo todos os passos do ciclo de gerenciamento de riscos abordado pelas principais estruturas existentes, as quais veremos ao longo deste livro.

Primeiramente, era necessário avaliar o ambiente interno em que me encontrava. Esse é o primeiro passo para um bom gerenciamento de riscos. Nessa avaliação, além de identificar que possuía as competências e os suportes necessários para a elaboração da obra, defini que meu apetite de risco para esse projeto seria baixo, pois não aceitaria me afastar do meu maior objetivo estratégico, que era escrever um livro que auxiliasse os gestores a implementar a gestão de riscos nas organizações públicas.

Estabelecido esse contexto, o próximo passo era fixar o objetivo. É claro que o principal já estava definido, que era a própria conclusão do livro. Mas... como seria essa obra? Quantas páginas? O que seria abordado nos capítulos? Só teoria ou tentar fazer uma abordagem mais prática? Em quanto tempo o livro deveria estar pronto?

Fixados os objetivos, estava na hora de identificar os eventos que poderiam me atrapalhar ou me ajudar na conclusão desses objetivos. Era o momento de identificar riscos e oportunidades. Por um lado, a falta de tempo era com certeza um risco, já que o trabalho no Ministério exigia um tempo considerável, que ainda tinha que ser dividido com as aulas de Auditoria e, para completar, um filho recém-nascido para acompanhar. Outro risco era o de não encontrar uma editora que quisesse publicar a obra. Entretanto, naquele momento também identifiquei oportunidades. O tema já era bastante conhecido por mim, tanto na teoria quanto na prática. Além disso, da forma como tinha pensado o livro, seria inédito no mercado. Esses pontos seriam oportunidades que deveriam ser exploradas ao longo do processo.

Identificados os eventos de risco e oportunidade, estava na hora de avaliar os riscos. Nesse momento, a melhor ferramenta era uma matriz probabilidade x impacto. A falta de tempo foi avaliada como um risco inerente alto, já que tanto a possibilidade de isso ocorrer quanto o efeito na conclusão do objetivo, caso acontecesse, eram altos. Já o risco de a obra não ser publicada teve um nível de risco baixo, por já ter um contato prévio com a Editora Fórum, com indicação de que um livro com esse tema teria boas chances de ser publicado.

Avaliados os riscos, estava na hora de dar uma resposta a eles. Em relação ao primeiro risco, decidi reduzi-lo, implementando as atividades de controle elencadas a seguir. Já para o segundo risco, considerando sua baixa avaliação, optei por aceitá-lo.

Definidas as respostas aos riscos, passei a implementar as atividades de controle que fariam com que o nível de risco alto no primeiro caso pudesse ser reduzido para um nível de risco residual mais baixo. Decidi estabelecer um cronograma diário para escrever o livro, optando por separar uma hora pela manhã (5h as 6h) nos dias de semana e três horas no final de semana. Dessa forma, diminuía drasticamente a possibilidade de ser "atropelado" pela falta de tempo ao longo do dia, o que invariavelmente aconteceria devido às diversas outras tarefas. Além desse cronograma, em um primeiro momento salvei tudo o que tinha de material sobre o tema em uma mesma pasta, abri um documento de Word para começar a obra e fazia *backups* diários, para diminuir o risco de perder o que já tinha escrito.

Por fim, mas não menos importante, realizava um monitoramento do cronograma realizado, comparando-o com o previsto, bem como avaliava periodicamente se algum outro evento de risco poderia atrapalhar o atingimento do meu objetivo final. Foi a partir desse monitoramento que percebi que não conseguiria cumprir o prazo de entrega se não optasse por outra resposta ao risco. Naquele momento, decidi tirar uma semana de férias para atingir meu objetivo de entregar esta obra no prazo acordado.

Bom, o que vocês acabaram de ler em relação ao projeto do livro é o passo a passo de qualquer gerenciamento de riscos, seja em uma atividade pessoal ou profissional, no setor público ou privado. O objetivo desta obra é justamente levar, a partir de uma linguagem simples e diversos exemplos práticos, a cultura de gerenciamento de riscos para a Administração Pública do país. Vamos começar?

CAPÍTULO 1

GOVERNANÇA? INTEGRIDADE? *COMPLIANCE*? RISCOS? CONTROLES INTERNOS?

> *Até mesmo uma decisão correta é errada se tomada muito tarde.*
>
> Lee Iacocca

Você leu algum jornal hoje? Acessou algum *site* de notícias? Se a resposta é positiva, muito provavelmente se deparou com um ou vários termos citados anteriormente. O objetivo deste capítulo inicial é tentar deixar mais claras as diferenças e conexões existentes entre esses temas, para depois podermos focar no objetivo principal do livro, que é a gestão de riscos no setor público.

FIGURA 1 – Governança e seus instrumentos

Fonte: Autor

1.1 Governança

A palavra *governança* surgiu, segundo alguns autores, como Kjaer (2004), na Grécia, a partir do verbo *kubernân* (pilotar/dirigir), tendo sido utilizada por Platão como significado de um sistema de regras. O termo deu origem à palavra latina *gubernare*, com o significado de pilotar, conduzir, elaborar regras. Outro significado pode ser obtido junto ao *Oxford Dictionaries*, que trata a palavra *governance* como significado de "The action or *manner* of *governing* a state, organization etc." ("Ato ou maneira de governar um estado, organização etc." – tradução livre).

A expressão *governance* começou a ser utilizada mais fortemente na década de 70, nas organizações privadas de países anglo-saxões, principalmente nos Estados Unidos e no Reino Unido, com a finalidade de expressar a necessidade de proteção dos interesses de acionistas minoritários. Nos anos 80, o Banco Mundial começou a utilizá-la para expressar "bom governo", que, para aquela instituição, está relacionado à maneira como o poder é exercido.

Nos Estados Unidos, escândalos corporativos, em especial os ocorridos na década de 90, envolvendo grandes organizações, foram determinantes para a sedimentação do conceito de governança, provocando um amplo debate em torno do assunto. Empresas como Enron, Wordcom, ImClone Systems e Tyco, nos Estados Unidos, e a italiana Parmalat, e os respectivos mercados, foram fortemente abalados.

O Banco Mundial, no documento *Governance and development* (THE WORLD BANK, 1992), para conceituar governança, entende que se deva considerar o modo como a autoridade é exercida no gerenciamento dos recursos de um país em direção ao desenvolvimento. Nesse sentido, governança corporativa é "o exercício da autoridade, do controle, da administração, do poder de governo" e "a maneira pela qual o poder é exercido na administração dos recursos econômicos e sociais de um país para o desenvolvimento" ou "a capacidade dos governos de planejar, formular e implementar políticas e cumprir funções".

Assim, para esse organismo, a avaliação da capacidade governativa não se daria apenas pelos resultados das políticas governamentais, mas, também, pela forma como o governo exerce o seu poder.

FIGURA 2 – Características principais da "boa governança" para assegurar um desenvolvimento sustentável

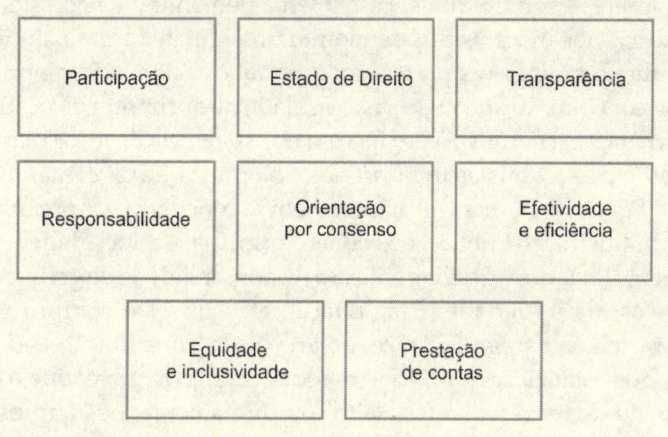

| Participação | Estado de Direito | Transparência |

| Responsabilidade | Orientação por consenso | Efetividade e eficiência |

| Equidade e inclusividade | Prestação de contas |

Fonte: The World Bank (2013)

O Banco Mundial (THE WORLD BANK, 2013) afirma, ainda, que a "boa governança, juntamente com instituições fortes e responsáveis, é fundamental para a redução da pobreza e a eficácia do desenvolvimento", estando relacionada ao desenvolvimento sustentado. O Banco estimula ativamente os governos a tornarem-se mais transparentes, prestarem mais contas a seus cidadãos, serem menos suscetíveis à corrupção e melhores na prestação de serviços.

Muitos autores afirmam que a governança se originou da necessidade de minimizar o conflito de agência. Esse conflito surgiu como consequência natural da evolução das organizações, que passaram de pequenas e familiares para organizações maiores e mais complexas, ocasionando uma separação entre a administração (gestor) e a propriedade (acionista). Segundo o Instituto Brasileiro de Governança Corporativa – IBGC (2009):

> a economia dos diferentes países tornou-se cada vez mais marcada pela integração aos dinamismos do comércio internacional, assim como pela expansão das transações financeiras em escala global. Neste contexto, as companhias foram objeto de sensíveis transformações, uma vez que o acentuado ritmo de crescimento de suas atividades promoveu uma readequação de sua estrutura de controle, decorrente da separação entre a propriedade e a gestão empresarial.

Assim, a partir do conflito de agência, existem interesses divergentes entre administradores e proprietários, podendo gerar o privilégio a interesses individuais. Esse dilema demandou a necessidade de melhorias nos mecanismos de monitoramento, de forma a minimizar o conflito e proteger as partes, em especial os acionistas minoritários. Nesse contexto, verificou-se a necessidade de aprimorar as práticas de governança corporativa, com foco na transparência de informações, na proteção dos acionistas minoritários e na prestação de contas.

Por analogia, essa relação também se concretiza nas organizações da Administração Pública, nas quais o principal – a sociedade – delega ao agente (Estado) – gestor público, a responsabilidade de gerir recursos públicos, da sociedade. Essa relação é facilmente comprovada se lembrarmos o parágrafo único, do art. 1º, da Constituição Federal de 1988, que estabelece que "Todo o poder emana do povo, que o exerce por meio de representantes eleitos ou diretamente, nos termos desta Constituição" (BRASIL, 1988).

FIGURA 3 – Conflito de agência no setor público

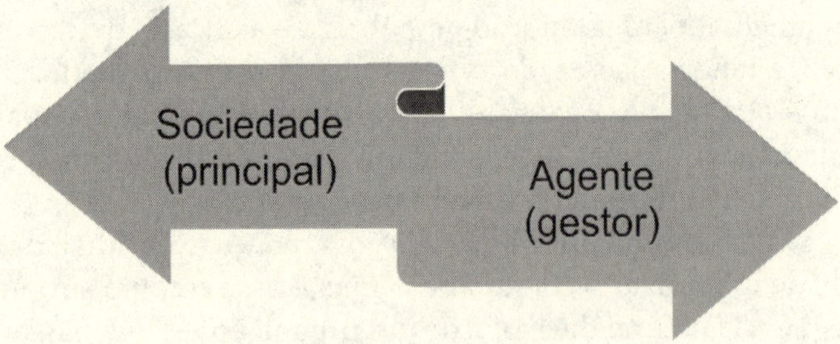

Fonte: Autor

Para Slomski (2008), a governança na gestão pública é "a maneira como o poder é exercido na administração dos recursos econômicos e sociais de um país, com o objetivo de seu desenvolvimento". Ele ainda complementa que, mesmo com as variações de interpretações dos conceitos de governança no setor público, é possível perceber que todos os conceitos pressupõem definições claras de responsabilidade, grande importância dada às boas relações entre as partes interessadas, à administração dos recursos e à entrega dos resultados.

A *International Federation of Accountants* – IFAC (2001) publicou o *Estudo 13 – PSC/IFAC*, com práticas de boa governança para o setor público, propondo os seguintes princípios de governança para o setor público:

> **Opennes (Transparência)**
> - É fundamental para a adequada tomada de decisão das partes interessas na gestão das atividades (em especial a sociedade). Informações devem ser completas, precisas e claras.

> **Integrity (Integridade)**
> - Tem como base a honestidade e a objetividade, elevando os padrões de decência e probidade na gestão dos recursos públicos e dos assuntos da organização. Ela se reflete tanto nos processos de tomada de decisão quanto na qualidade de seus relatórios financeiros e de desempenho.

> **Accountability (Responsabilidade em prestar contas)**
> - É o processo pelo qual as organizações do setor público e os indivíduos são responsáveis por suas decisões, incluindo a gestão dos fundos públicos. É necessário ter uma compreensão clara de responsabilidades e funções. A *accountability* é a obrigação de responder por uma responsabilidade conferida.

Esses princípios são considerados basilares para as práticas recomendadas nas quatro dimensões estabelecidas pelo IFAC (2001) para a governança no setor público:

- *Padrões de comportamento*: membros das organizações públicas precisam exercer a liderança, seguindo elevados padrões de comportamento, como um modelo para os outros dentro da entidade.
- *Estruturas e processos organizacionais*: relaciona-se à forma como a alta gestão é indicada, as responsabilidades são claramente definidas e consequentemente a organização se torna confiável.
- *Controle*: relaciona-se à criação de órgãos de controle que garantam a eficiência das operações, garantindo que os objetivos da entidade sejam atingidos.
- *Relatórios externos*: a entidade deve publicar em tempo hábil um relatório anual, apresentando de forma clara e objetiva sua posição financeira e seu desempenho no uso dos recursos.

Ainda segundo a IFAC, o objetivo da boa governança no setor público é contribuir para melhores tomadas de decisão e para o uso mais eficiente dos recursos públicos. A boa governança pode melhorar a liderança e a gestão organizacionais, resultando em intervenções mais eficazes e, finalmente, melhores resultados. E com organizações públicas com melhores resultados, a vida dos cidadãos também melhora (TCU, 2016).

Quando buscamos referenciais brasileiros sobre o tema, não podemos deixar de mencionar o *Referencial Básico de Governança Organizacional* (TCU, 2020), que em sua 3ª edição, conceitua governança pública organizacional como sendo "a aplicação de práticas de liderança, de estratégia e de controle, que permitem aos mandatários de uma organização pública e às partes nela interessadas avaliar sua situação e demandas, direcionar a sua atuação e monitorar o seu funcionamento, de modo a aumentar as chances de entrega de bons resultados aos cidadãos, em termos de serviços e de políticas públicas".

Esse mesmo documento elenca importantes instrumentos de governança no país que surgiram após a Constituição Federal de 1988, entre eles:

(a) o *Código de Ética Profissional do Servidor Público Civil do Poder Executivo Federal* (Decreto nº 1.171/1994) e a *Lei de Responsabilidade Fiscal* (Lei Complementar nº 101/2000), que têm por objeto aspectos éticos e morais e o comportamento da liderança;

(b) o Programa Nacional de Gestão Pública e Desburocratização (*GesPública*), instituído em 2005 e revisado em 2009 e em 2013, cujos treze fundamentos norteiam-se pelos princípios constitucionais da Administração Pública e pelos fundamentos da excelência gerencial contemporânea, e que foi revogado pelo Decreto nº 9.094/2017;

(c) a Lei nº 12.813/2013, que dispõe sobre o *conflito de interesses* no exercício de cargo ou emprego do Poder Executivo Federal; e

(d) os instrumentos de transparência, como a *Lei de Acesso à Informação* (Lei nº 12.527/2011), que asseguram o direito fundamental de acesso à informação e facilitam o monitoramento e o controle de atos administrativos e da conduta de agentes públicos.

Além desses, chamo atenção para a *Instrução Normativa Conjunta nº 1/2016*, do antigo Ministério do Planejamento, Desenvolvimento e Gestão e da Controladoria-Geral da União – CGU, que dispõe sobre controles internos, gestão de riscos e governança na Administração Pública Federal, bem como o Decreto nº 9.203 (BRASIL, 2017), que dispõe sobre a política de governança da Administração Pública federal direta, autárquica e fundacional, normativos que veremos com mais detalhes no decorrer deste livro.

Particularmente, acho bastante interessante o mosaico construído pelo Tribunal de Contas, o qual replico a seguir.

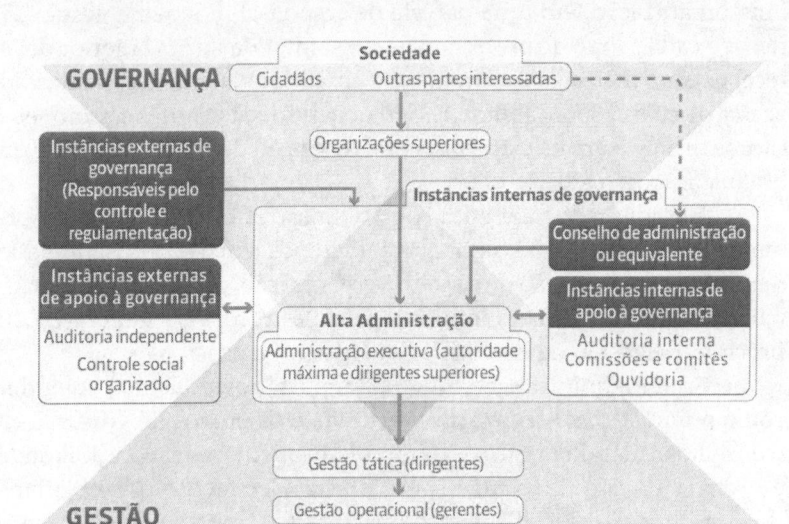

FIGURA 4 – Sistema de governança em organizações públicas

GOVERNANÇA

- Sociedade
  - Cidadãos
  - Outras partes interessadas
- Instâncias externas de governança (Responsáveis pelo controle e regulamentação)
- Instâncias externas de apoio à governança
  - Auditoria independente
  - Controle social organizado
- Organizações superiores
- Instâncias internas de governança
  - Conselho de administração ou equivalente
- Instâncias internas de apoio à governança
  - Auditoria interna
  - Comissões e comitês
  - Ouvidoria
- Alta Administração
  - Administração executiva (autoridade máxima e dirigentes superiores)

GESTÃO

- Gestão tática (dirigentes)
- Gestão operacional (gerentes)

Fonte: TCU (2020)

Essa figura deixa bastante claras as conexões entre os diversos atores em uma organização, o que facilita também a compreensão acerca de suas responsabilidades. Como nosso foco é gestão de riscos, passo a discorrer um pouco sobre essa interação entre governança e gestão de riscos, utilizando o mosaico como base.

Segundo a Intosai (2007), o desafio da governança nas organizações públicas é determinar quanto risco aceitar na busca do melhor valor para os cidadãos e outras partes interessadas, o que significa prestar o serviço de interesse público da melhor maneira possível, equilibrando riscos e benefícios. O instrumento da governança para lidar com esse desafio é a gestão de riscos, um processo estratégico e fundamental para as organizações do setor público, e um componente relevante de seus sistemas de governança (TCU, 2020).

Segundo o TCU (2014), ainda na primeira edição do referencial supracitado, uma gestão de riscos eficaz melhora as informações para o direcionamento estratégico e para as tomadas de decisões de responsabilidade da governança, contribui para a otimização do desempenho na realização dos objetivos de políticas e serviços públicos e, consequentemente, para o aumento da confiança dos cidadãos nas organizações públicas, além de prevenir perdas e auxiliar a gestão de incidentes e o atendimento a requisitos legais e regulamentares.

É importante entendermos, desde agora, que cada pessoa em uma organização tem uma parcela de responsabilidade na gestão de riscos e cada grupo de profissionais constantes da figura anterior deve receber uma mensagem clara da governança e da alta administração acerca de suas responsabilidades, entendendo seus limites e como seus cargos se encaixam na estrutura geral de gestão de riscos e controle da organização (IIA, 2020).

A 3ª edição do Referencial do Tribunal de Contas citado anteriormente (TCU, 2020) acrescenta que a liderança tem a responsabilidade de supervisão da gestão de riscos da organização, cabendo-lhe direcionar, monitorar e avaliar a implantação da estrutura e a integração do processo de gestão de riscos às atividades organizacionais.

A alta administração, que nos ministérios podemos entender como o ministro e o secretário executivo, e os órgãos de governança (conselhos, quando existirem) têm, coletivamente, a responsabilidade e o dever de prestar contas sobre o estabelecimento dos objetivos da organização, a definição de estratégias para alcançá-los e o estabelecimento de estruturas e processos de governança para melhor gerenciar os riscos durante a realização dos objetivos (IIA, 2020). Dessa forma, são eles os primeiros responsáveis por assegurar a existência, o monitoramento e a avaliação de um efetivo sistema de gestão de riscos e controle interno, bem como utilizar as informações resultantes desse sistema para apoiar seus processos decisórios (TCU, 2020).

A administração é diretamente responsável pela concepção, estruturação e implementação da gestão de riscos. Em qualquer organização, o presidente ou ministro ou secretário de Estado é o depositário final dessa responsabilidade, cabendo-lhe assumir a iniciativa (TCU, 2017a). Os demais executivos devem apoiar a cultura e gerenciar os riscos dentro de suas esferas de responsabilidade, conforme as tolerâncias a risco estabelecidas, alinhadas ao apetite de risco da organização.

Os agentes públicos da linha de frente, que lidam diariamente com questões operacionais críticas, estão em melhores condições para reconhecer e comunicar riscos que podem surgir e essa responsabilidade é geralmente atribuída a todos os agentes públicos.

Por fim, a função de auditoria interna tem o papel de auxiliar a organização a realizar seus objetivos, de forma independente e a partir da aplicação de uma abordagem sistemática e disciplinada para avaliar e melhorar a eficácia dos processos de gerenciamento de riscos, controle e governança.

1.2 Riscos

A gestão de riscos é um elemento-chave da governança nas organizações do setor público, em termos de suas estruturas, processos, valores corporativos, cultura e comportamento. É uma pedra angular da arquitetura de uma organização para o sucesso estratégico e operacional e precisa se encaixar bem como um processo de gestão dentro do quadro de governança que vimos anteriormente. Ela existe para ser associada ao processo decisório e ao processo de estabelecimento da estratégia, ou seja, deve ser integrada ao processo de decisão.

A governança orienta o rumo da organização, suas relações externas e internas, e as regras, processos e práticas necessárias para alcançar o seu propósito. As estruturas de gestão traduzem a direção da governança para a estratégia e os objetivos associados requeridos para alcançar níveis desejados de desempenho sustentável e viabilidade a longo prazo. Determinar a responsabilização pela gestão de riscos e os papéis de supervisão no âmbito de uma organização é parte integrante da governança da organização (ABNT, 2018).

Integrar a gestão de riscos em uma organização é um processo dinâmico e iterativo e convém que seja personalizado para as necessidades e cultura da organização. Convém que a gestão de riscos seja uma parte, e não separada, do propósito organizacional, governança, liderança e comprometimento, estratégia, objetivos e operações (*ibidem*).

O processo de gestão de riscos envolve a aplicação sistemática de políticas, procedimentos e práticas para as atividades de comunicação e consulta, estabelecimento do contexto e avaliação, tratamento, monitoramento, análise crítica, registro e relato de riscos (ABNT, 2018).

Segundo o IBGC (2007), as atividades envolvidas no gerenciamento de riscos devem contribuir para a perenidade da organização, atendendo aos seus objetivos estratégicos. O modelo de gerenciamento de riscos é um instrumento de tomada de decisão da alta administração que visa a melhorar o desempenho da organização pela identificação de oportunidades de ganhos e de redução de probabilidade e/ou impacto de perdas, indo além do cumprimento de demandas regulatórias.

Um ponto importante a ser considerado é que a gestão de riscos deve ser inclusiva: seus métodos e técnicas devem ser inseridos na definição de estratégia, planejamento e processos de negócios, para salvaguardar o desempenho e sustentabilidade. Os rigores da gestão de risco devem fornecer respostas e intervenções que tentam criar um equilíbrio adequado entre risco e recompensa (KPMG; MIOD, 2015).

Geralmente entendemos o termo *risco* como possibilidade de algo não dar certo. Mas seu conceito atual no mundo corporativo vai além: envolve a quantificação e a qualificação da incerteza, tanto no que diz respeito às perdas quanto aos ganhos por indivíduos ou organizações. Sendo o risco inerente a qualquer atividade – e impossível de eliminar –, sua administração é um elemento-chave para a sobrevivência das companhias e demais entidades (IBGC, 2017).

No setor público, a gestão de risco tem como objetivo permitir à administração lidar de modo eficaz com a incerteza e seus riscos e oportunidades associados, reforçando sua capacidade de criar valor e oferecer serviços mais eficientes, eficazes e econômicos, tendo em conta valores como equidade e justiça (INTOSAI, 2007).

Na mesma linha, para Hill (2003), na Administração Pública uma preocupação central na gestão de riscos é o dever de cuidar do bem público, ou seja, os riscos sempre devem ser gerenciados mantendo-se, em primeiro plano, o interesse público. Dessa forma, a decisão sobre como a distribuição de benefícios e das perdas potenciais deve ser equacionada é aspecto importante na gestão de riscos.

Em resumo, a gestão de riscos preserva e agrega valor à organização, contribuindo fundamentalmente para a realização de suas metas de desempenho, objetivos e cumprimento de sua missão, representando mais do que um mero conjunto de procedimentos e políticas de controle.

1.3 Controles internos

Controles internos. Controle interno. Sistema de controle interno. Se a confusão de nomenclaturas é comum para aqueles que trabalham diariamente com o tema, imagine para quem não está habituado?

A Constituição Federal de 1988 (BRASIL, 1988) estabelece que os poderes Legislativo, Executivo e Judiciário manterão, de forma integrada, sistema de controle interno com a finalidade de:

> I - avaliar o cumprimento das metas previstas no plano plurianual, a execução dos programas de governo e dos orçamentos da União;
>
> II - comprovar a legalidade e avaliar os resultados, quanto à eficácia e eficiência, da gestão orçamentária, financeira e patrimonial nos órgãos e entidades da administração federal, bem como da aplicação de recursos públicos por entidades de direito privado;

III - exercer o controle das operações de crédito, avais e garantias, bem como dos direitos e haveres da União;

IV - apoiar o controle externo no exercício de sua missão institucional.

Nesse sentido, se tomamos como exemplo o Poder Executivo Federal, temos que o Sistema de Controle Interno desse poder é composto pela Secretaria Federal de Controle Interno da Controladoria-Geral da União – CGU, que atua como órgão central, os órgãos setoriais, as unidades setoriais e as unidades regionais (BRASIL, 2001).

Para o Tribunal de Contas da União – TCU (2010), órgãos de controle interno são unidades administrativas, integrantes dos sistemas de controle interno da Administração Pública Federal, incumbidas, entre outras funções, da verificação da consistência e qualidade dos controles internos das organizações, bem como do apoio às atividades de controle externo exercidas pelo Tribunal.

O sistema de controle interno do Poder Executivo Federal compreende as atividades de avaliação do cumprimento das metas previstas no plano plurianual, da execução dos programas de governo e dos orçamentos da União e de avaliação da gestão dos administradores públicos federais, utilizando como instrumentos a auditoria e a fiscalização (BRASIL, 2016a). Não se confunde com os controles internos da gestão, que veremos a seguir, de responsabilidade de cada órgão e entidade do Poder Executivo Federal.

Dadas as atribuições desse sistema de controle interno, podemos defini-lo como avaliativo, com reconhecida importância no cenário de governança do Poder Executivo Federal. Entretanto, não é esse o tipo de controle interno que será abordado neste livro.

O controle interno que precisamos definir aqui é aquele de responsabilidade do próprio gestor, por vezes utilizado no plural. Aquele definido pelo Comitê das Organizações Patrocinadoras (COSO, 2013) como um processo conduzido pela estrutura de governança, administração e outros profissionais da entidade, e desenvolvido para proporcionar segurança razoável com respeito à realização dos objetivos relacionados a operações, divulgação e conformidade. Ou seja, a expressão *controle interno* é utilizada para se referir ao conjunto de políticas, procedimentos e atividades que a administração de uma organização adota para gerenciar seus objetivos, mediante o tratamento dos riscos a eles associados.

A Instrução Normativa Conjunta MP CGU nº 1/2016 (BRASIL, 2016a) adota a expressão *controles internos da gestão* para se referir a esse mesmo tipo de controle. Para essa norma, esses controles seriam um conjunto de regras, procedimentos, diretrizes, protocolos, rotinas de sistemas informatizados, conferências e trâmites de documentos e informações, entre outros, operacionalizados de forma integrada pela direção e pelo corpo de servidores das organizações, destinados a enfrentar os riscos e fornecer segurança razoável de que, na consecução da missão da entidade, os seguintes objetivos gerais serão alcançados: a) execução ordenada, ética, econômica, eficiente e eficaz das operações; b) cumprimento das obrigações de *accountability*; c) cumprimento das leis e regulamentos aplicáveis; e d) salvaguarda dos recursos para evitar perdas, mau uso e danos.

O estabelecimento de controles internos no âmbito da gestão pública visa essencialmente aumentar a probabilidade de que os objetivos e metas estabelecidos sejam alcançados, de forma eficaz, eficiente, efetiva e econômica.

Veremos mais sobre o tema no capítulo 9, quando tratarmos de *Atividades de controle*.

1.4 Integridade/*compliance*

Embora encontremos artigos esparsos, principalmente quando se referem ao setor público, tratando integridade e *compliance* como sinônimos, a maior parte de literatura distingue esses dois termos e as razões para essa distinção passo a descrever a partir de agora.

O termo *compliance* tem origem no verbo inglês *to comply*, que significa obedecer a uma regra, um comando, um regulamento, ou seja, estar em conformidade com determinadas leis, normas e regras.

Segundo o Oxford Dictionaries, *compliance* é "agir de acordo com uma solicitação ou comando; obediência". Depreende-se dessa definição que a adoção de *compliance* significa dizer que uma organização está seguindo um padrão de conformidade legal. Entretanto, como veremos, nos dias de hoje o termo tem sido utilizado para algo mais do que aderência, envolvendo questões éticas e a busca de se evitar atos de corrupção no âmbito da organização.

Embora tenhamos que reconhecer que a expressão compliance ganhou maior popularidade após a edição da Lei nº 12.846/2013, conhecida como Lei Anticorrupção – LAC, regulamentada pelo Decreto Federal nº 8.420/2015, desde o final da década de 90 do século passado, o termo já era familiar para os profissionais das instituições financeiras, devido às peculiaridades desse segmento e sua regulação, sob responsabilidade do Banco Central do Brasil – Bacen.

Com a publicação da Resolução nº 2.554 do Bacen (BRASIL, 1998), orientada pelos "13 Princípios da Supervisão Bancária", ditados pelo Comitê da Basiléia, passou-se a exigir a implantação e implementação de sistema de controles internos nas instituições financeiras, contemplando naturalmente a exigência de conformidade (*compliance*).

Cabe destacar, nesse ponto, que controles internos e *compliance* não são sinônimos, conforme afirma Miller (2014). *Compliance*, para ele, encontra-se sob o guarda-chuva dos controles internos, e consiste nos esforços da organização para assegurar que os seus colaboradores não violem as regras, regulações ou normas aplicáveis. Controles internos, por sua vez, vão além de conformidade com normas e regras, compreendendo a verificação para que os ativos e os recursos sejam utilizados (em função dos propósitos da organização), isto é, abrangendo também a eficiência e a eficácia operacional. Sendo assim, na visão de Miller (2014), *compliance* é parte de controles internos, sendo que este último está ligado à função de conformidade interna em relação às normas e aos processos em prol da geração de valor para a firma (CVM, 2015).

Tanto a resolução do Bacen (BRASIL, 1998) como Miller (2014) tratam do sentido original, estrito, da expressão *compliance*, do inglês *to comply*, podendo ser traduzido basicamente por *conformidade*. Não resta dúvida de que um dos objetivos do *compliance* era, e continua sendo, avaliar a aderência às normas internas e externas e, por consequência, auxiliar na redução de falhas e fraudes no âmbito corporativo. Entretanto, atualmente, esse conceito ganhou musculatura, agregando valores éticos e princípios morais, tendo por objetivo não apenas facilitar o cumprimento de uma lei, norma ou regulamento, mas também buscar uma robusta cultura ética.

Algumas das razões que podem ser citadas para essa evolução do conceito são a rápida informatização dos processos e o aumento da complexidade dos negócios. Esses fatores fizeram com que os riscos e as vulnerabilidades crescessem, evidenciando que a simples exigência de cumprimento legal ou normativo juntamente com a implementação de mecanismos de controles não eram suficientes para reduzir significativamente as fraudes internas e externas, sendo necessário fomentar valores nos agentes públicos.

Voltando à LAC, essa lei veio inaugurar, no ordenamento pátrio, a possibilidade de responsabilização administrativa e civil de pessoas jurídicas pela prática de atos lesivos contra a Administração Pública nacional e estrangeira, conforme afirmam Simão e Vianna (2017).

A LAC (BRASIL, 2013a) prevê que as empresas responsabilizadas a partir dessa legislação poderão ter suas penalidades abrandadas caso comprovem a adoção de mecanismos de *compliance*, chamado de programa de integridade na regulamentação da supracitada lei. A lógica por traz dessa benesse é que, pelo menos teoricamente, a organização estaria demonstrando ao governo e à sociedade como um todo que está comprometida com a ética, com a transparência e com a governança corporativa, e aquele ato corruptivo foi um fato isolado.

Segundo o *Guia de integridade pública* da CGU (2015), programa de integridade é um programa de *compliance* específico para prevenção, detecção e remediação dos atos lesivos previstos na Lei nº 12.846/2013, que tem como foco, além da ocorrência de suborno, também fraudes nos processos de licitações e execução de contratos com o setor público.

Já no *Referencial de combate* à *fraude e corrupção* do TCU (2017b), integridade refere-se aos valores e princípios pessoais que regem o comportamento de cada servidor. A integridade decorre da virtude e da incorruptibilidade, portanto da ausência de fraude e corrupção. Um servidor íntegro não se corrompe por situações momentâneas, infringindo as normas e as leis, os valores e os princípios éticos. Por outro lado, um servidor não íntegro poderá seguir as normas e as leis, os valores éticos, somente para evitar problemas, e não em razão do seu caráter. Nesse sentido, integridade significa mais do que simplesmente observar as normas, os códigos e as leis decorrentes dos valores e princípios. As normas e leis proporcionam um limite mínimo, um ponto de partida para a moralidade.

Pelo exposto, reconhecendo que os conceitos das terminologias aqui apresentadas não são pacíficos na doutrina e normas existentes, mas como forma de contribuição ao debate, entendo que ficaria mais claro se continuássemos denominando *compliance* para o cumprimento de leis, normas e regulamentos e adotássemos o termo *medidas (programa) de compliance* para nos referirmos ao sinônimo de *programa de integridade*, algo que como vimos é muito mais amplo. Da mesma forma, o termo *controles internos* utilizado nesta obra se refere às respostas aos riscos avaliados, novamente reconhecendo que a nomenclatura *sistema de controle interno* é muito mais ampla e não se encontra representada na figura a seguir.

FIGURA 5 – Interação entre instrumentos de governança

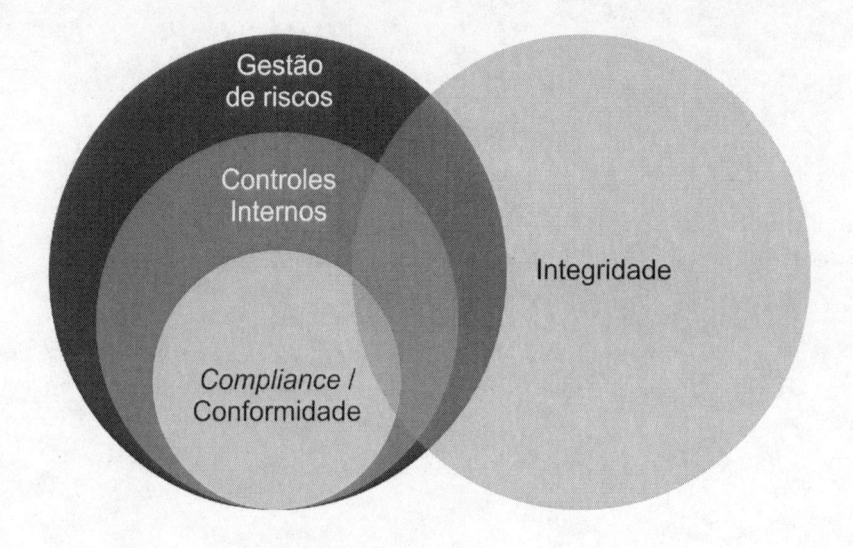

Gestão de riscos

Controles Internos

Compliance / Conformidade

Integridade

Fonte: Autor

GESTÃO DE RISCOS: UM DESAFIO POSSÍVEL

> *Gestão de Riscos é sobre pessoas e processos, não sobre modelos e tecnologia.*
>
> Trevor Levine

Para falarmos de riscos, uma palavra é fundamental: objetivo. Se não temos um objetivo, não há que se falar em eventos que podem atrapalhar ou ajudar a atingi-lo. Dessa forma, nada será risco ou oportunidade. No entanto, se existe um objetivo, seja qual for a sua área de atuação, há um risco de não o alcançar (ou pelo menos não de forma satisfatória) e, dessa forma, faz todo o sentido gerenciarmos esse risco.

Nós fazemos gerenciamento de riscos diversas vezes ao dia. Seja quando programamos um relógio para despertar, com o objetivo de acordar no horário e não perder determinado compromisso, seja quando salvamos nossos documentos e fotos em um *pen drive* ou HD externo como *backup*, para que se algo acontecer com nosso computador não percamos todos esses arquivos, ou até mesmo quando optamos por fazer um seguro para o carro, ocasião em que estamos dando uma resposta ao risco de perdermos aquele patrimônio.

É claro que, nas situações relatadas, quase sempre não paramos para pensar que naquele momento estamos gerenciando riscos. Isso acontece porque conviver com o risco é um velho axioma da humanidade. O risco é uma precondição essencial para o desenvolvimento humano. Se parássemos de assumir riscos, inovações técnicas e sociais necessárias para solucionar muitos dos problemas mundiais desapareceriam. De fato, muitos dos riscos existentes na sociedade moderna resultam de benefícios gerados por inovações sociais e tecnológicas. Por outro lado, a imprudência insensata também não é uma boa ideia. Em vez disso, precisamos definir um caminho intermediário no qual o acaso – com suas incertezas e ambiguidades inerentes – seja levado em consideração de maneira objetiva, racional e eficiente (WILDAVSKY, 1979).

2.1 Origem e conceituação

Na obra *Desafio aos deuses: a fascinante história do risco* (BERNSTEIN, 1997), o autor relata que a ideia revolucionária que define a fronteira entre os tempos modernos e o passado é o domínio do risco: a noção que o futuro é mais que um capricho dos deuses e de que homens e mulheres não são passivos ante a natureza. Até os seres humanos descobrirem como transpor essa fronteira, o futuro era um espelho do passado ou o domínio obscuro de oráculos e adivinhos que detinham o monopólio sobre o conhecimento dos eventos previstos.

Ainda para Bernstein, risco significa simplesmente não saber o que o futuro reserva. Nesse sentido, uma abordagem sistemática irá recompensá-lo com um conjunto de cenários e oportunidade de refletir sobre os possíveis resultados. Como identificar e lidar com o risco é um sinal de maturidade, seja para uma pessoa, empresa, órgão ou entidade, e este livro tem como objetivo auxiliar nesse processo, com foco em sua implementação no setor público.

Segundo o HM Treasury (UK, 2004), em documento conhecido como *The Orange Book* (que será abordado em outro capítulo), risco é a incerteza do resultado e um bom gerenciamento de riscos permite que uma organização aumente sua confiança em alcançar os resultados desejados, restrinja de forma eficaz ameaças a níveis aceitáveis e tome decisões informadas sobre oportunidades de exploração.

> OK. Mas precisamos disso no setor público?

Assim como o cidadão deve se cuidar para prevenir acidentes, roubos e doenças, as organizações também devem tomar cuidados no dia a dia.

Toda organização enfrenta riscos operacionais e isso também é válido, obviamente, para o setor público. Seja devido a fatores internos, como excesso de discricionariedade no processo de tomada de decisões, seja em decorrência de fatores externos, a partir da adoção de novas leis e padrões, por exemplo, quando negligenciados ou não gerenciados de forma adequada, podem afetar a eficácia e a eficiência na prestação de serviços públicos e a confiança da sociedade no governo (OCDE, 2011).

Segundo o Tribunal de Contas da União (TCU, 2017a), em linha com o que acabamos de ver, esses riscos decorrem da natureza das atividades, de novas realidades, de mudanças nas circunstâncias e nas demandas sociais, da própria dinâmica da Administração Pública, bem como da necessidade de mais transparência e prestação de contas e de cumprir variados requisitos legais e regulatórios. É por isso que as organizações precisam gerenciar riscos, identificando-os, analisando-os e, em seguida, avaliando se devem ser modificados por algum critério de modo a criar as condições para o alcance dos objetivos e de seus propósitos.

A Administração Pública vem passando por mudanças nas últimas décadas, em vários países do mundo, e a qualidade da gestão dos gestores públicos tornou-se fundamental para a melhoria dos resultados alcançados pelo setor público. Ao contrário da maior parte das atividades do setor privado, que visam ao lucro, as atividades públicas têm características específicas, pois visam entregar produtos e serviços à população. Nesse sentido, uma preocupação central da gestão de riscos deve ser o cuidado com o bem público, sendo a decisão acerca do equacionamento de benefícios e perdas potenciais o principal aspecto da gestão de riscos.

O setor público tem enfrentado cenários cada vez mais complexos e mutáveis. Dessa forma, governos lidam com riscos a todo o momento, em diversas áreas, como na saúde, educação, proteção do meio ambiente, assistência social, estabilização econômica, entre outras. A capacidade de planejar, formular e implementar políticas e cumprir suas funções é avaliada constantemente, principalmente pelos beneficiados das políticas públicas. Quando são geridas com o olhar de riscos, o ganho nessas áreas serão a diminuição dos custos de atividades incertas e aumento dos benefícios sociais e econômicos gerados em cada uma dessas funções de governo.

No documento *Avaliações da OCDE sobre governança pública: avaliação da OCDE sobre o sistema de integridade da Administração Pública Federal brasileira – Gerenciando riscos por uma administração pública mais íntegra* (OCDE, 2011), essa organização faz quatro recomendações ao Governo Federal do Brasil para fortalecer a integridade e prevenir a corrupção, que reforçariam as reformas adotadas até o momento, sendo uma delas a integração da gestão de riscos como elemento-chave da responsabilidade gerencial.

Gestão de riscos é a identificação, avaliação e priorização de riscos, seguida de uma aplicação coordenada e econômica de recursos para minimizar, monitorar e controlar a probabilidade e o impacto de eventos negativos ou maximizar o aproveitamento de oportunidades. O objetivo da gestão de riscos é promover meios para que as incertezas não desviem os esforços da organização de seus objetivos (TCU, 2017a).

A gestão de riscos contribui para eficiência na prestação dos serviços públicos e aumenta a responsabilização dos gestores. O mapeamento de riscos leva a um maior conhecimento do processo, permitindo melhorias na alocação de recursos e no cumprimento da legislação. Entretanto, para garantir sua eficácia, a gestão de riscos deve ser incorporada a outros sistemas de gestão e integrada nos processos de tomada de decisões e nas avaliações de desempenho. Os resultados dessa gestão devem estar disponíveis tempestivamente aos tomadores de decisão. Não deve ser algo *ad hoc*, mas sim sistemático e metodologicamente estruturado, sendo que a capacidade do governo em gerenciar riscos irá depender das habilidades dos seus agentes públicos.

Costumo dizer que o processo de gestão de riscos pode ser algo "ingrato" de ser implementado. Isso porque, se bem-sucedido, passa despercebido pela maioria das pessoas da organização. Entretanto, quando a mitigação de um risco é malsucedida, haverá questionamento do tipo "onde estavam os gestores de riscos que não viram isso?". Nesse sentido, a incapacidade de se manter a gestão de riscos é, por si própria, um grande risco às organizações (OCDE, 2011).

A experiência internacional nos mostra que são necessários de três a cinco anos para consolidar os alicerces de uma cultura proativa de gestão de riscos. Repare que estamos falando apenas dos alicerces. Não quer dizer que uma organização estará madura o suficiente nesse tempo. A implementação de um programa de gestão de riscos exige um esforço interdisciplinar, com a participação conjunta de pessoas de diferentes setores para que seja desenvolvida uma perspectiva holística e sistemática de fatores de risco existentes em cada caso.

A gestão integrada de riscos deve ser um processo contínuo, proativo e sistemático de compreensão, gerenciamento e comunicação de riscos a partir da perspectiva da organização como um todo. Sua meta é permitir a tomada de decisões estratégicas que contribuam para a realização dos objetivos corporativos gerais da organização (GOVERNMENT OF CANADA, 2001).

Todos os riscos devem ser levados em conta no processo de tomada de decisões, mas devemos manter o olhar no todo, avaliando e incluindo perspectivas diferentes e não caindo no próprio risco de analisar somente uma área específica de forma isolada. Nesse ponto, não podemos nos afastar do principal objetivo do gerenciamento de risco na Administração Pública, que é, em última análise, o interesse coletivo, com melhorias na qualidade dos serviços ofertados pelo governo e a eficácia de suas políticas públicas.

Stephen Hill (2006), no *Guia sobre a gestão de riscos no serviço público*, publicado pela Escola Nacional de Administração Pública – Enap, apresenta alguns elementos necessários para a implementação dos sistemas de acompanhamento, avaliação e resposta ao risco no setor público:

> A implementação de um sistema de gestão de riscos exige um conjunto de responsabilidades e mecanismos de *accountability* para que um programa possa ser determinado e designado. A estrutura organizacional e o sistema de incentivos devem estar alinhados com as metas e os objetivos do programa de gestão de riscos. Os responsáveis pela implementação do programa devem ter as capacidades necessárias para essa tarefa, e cursos de capacitação e educação formal podem ser necessários para promover o desenvolvimento de competências específicas.
>
> Os programas e procedimentos devem ser escritos para garantir que as experiências e as expectativas fiquem bem claras para todos os envolvidos, particularmente para os que se estão envolvendo no processo pela primeira vez. Os documentos relacionados ao sistema de gestão de riscos devem ser disponibilizados ao maior número possível de pessoas.

2.2 Mitos e verdades

Na implementação de projetos de gestão de riscos na Administração Pública dos quais tenho tido a oportunidade de participar, frequentemente me deparo com alguns questionamentos (às vezes até mesmo opiniões já formadas) acerca de dificuldades no gerenciamento de riscos de uma organização. É claro que uma mudança de cultura como a proporcionada pelo tema não é algo que acontece em um passe de mágica, mas boa parte das resistências que encontramos ao tentarmos demonstrar para uma organização a necessidade de implementar sua própria gestão de riscos vem de alguns mitos que foram construídos por desconhecimento do assunto.

Mito 1 – Gestão de riscos vai aumentar o trabalho

Esse é o primeiro grande mito: se eu introduzir a gestão de riscos na minha organização, no meu departamento, terei que trabalhar mais. Não foi uma nem duas vezes que ouvi: "Eu já trabalho 8, 9, 10 horas por dia. Você quer que agora, além disso, eu faça gestão de riscos?".

A partir desse comportamento percebemos claramente que o gestor não entendeu o que é gestão de riscos. Percebe-se que a premissa utilizada por ele está errada. Gestão de riscos não é "mais uma atividade". É uma mudança de cultura, da forma de olhar o seu próprio negócio/processo.

Peguemos o exemplo de um gestor responsável pela área de licitação de uma organização. Quando introduzimos a gestão de riscos nesse processo de compras, não estamos dizendo que agora ele terá que, além de se preocupar com edital, habilitação, classificação, homologação, adjudicação etc., fazer a gestão de riscos como se fosse mais uma fase nesse processo. Estamos ressaltando apenas que ele deverá realizar todo esse trabalho pensando nos eventos que podem acontecer e que terão algum impacto no objetivo do seu processo, ou seja, na entrega de uma compra em conformidade com a legislação vigente, obedecendo a todos os princípios da Administração Pública.

FIGURA 6 – Percepção incorreta da gestão de riscos

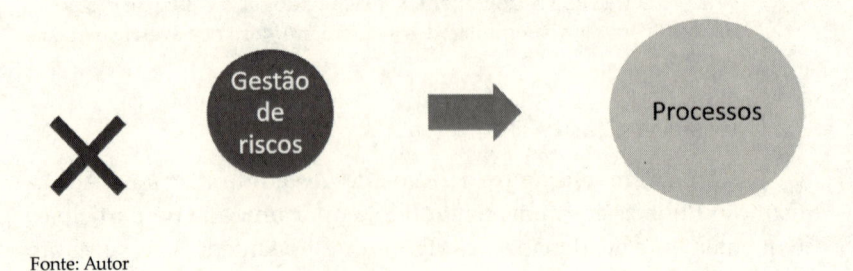

Fonte: Autor

FIGURA 7 – Percepção adequada da gestão de riscos, incorporada aos processos

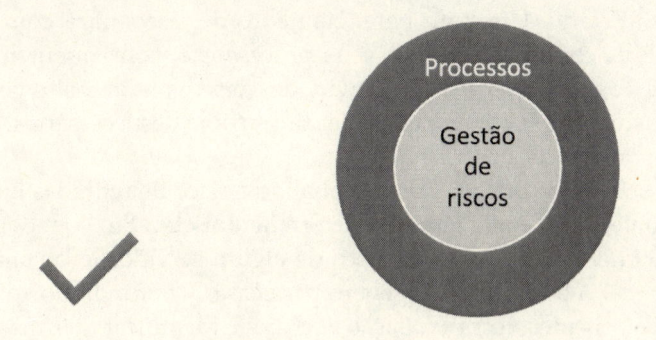

(Processos / Gestão de riscos) ✓

Fonte: Autor

Dessa forma, para acabar com esse primeiro mito, temos que demonstrar que a gestão de riscos está integrada ao processo, faz parte dele. Não é "mais um processo".

Mito 2 – Gestão de riscos aumentará os custos da minha organização
Em um cenário de grande restrição fiscal como o que estamos vivendo, é natural e louvável a preocupação com custo. Entretanto, não pode ser desculpa para a não implementação de uma boa gestão de riscos.

Os benefícios gerados por um gerenciamento de riscos eficaz geralmente são muito maiores que eventuais custos incorridos com sua implementação. Os ganhos começam desde a fase de identificação de riscos, que induz os gestores a repensarem seus processos, otimizando-os, até a fase de monitoramento, quando atividades podem ser priorizadas ou até mesmo deixarem de serem feitas.

Nesse sentido, a gestão de riscos é uma aliada na busca por redução de custos em uma organização, por meio de otimização de processos e priorização de demandas existentes.

Mito 3 – Gestão de riscos vai engessar ainda mais meus processos, pois vai trazer mais controles
Outro mito bastante difundido é pensar que "isso é coisa de órgão de controle". Talvez por constar, já há algum tempo, nas recomendações

contidas nos relatórios desses órgãos, muitos gestores pensam que a gestão de riscos irá apenas trazer mais controles para a organização, engessando o processo e burocratizando em demasia a gestão.

Errado. Um bom gerenciamento de riscos fará com que os gestores conheçam melhor seus processos e, consequentemente, o nível de risco envolvido nas atividades desenvolvidas. Isso permitirá, inclusive, que se retirem controles tidos como desnecessários, quando for o caso.

Imagine que você está avaliando o risco de retiradas indevidas de material de expediente em determinado setor. Em bom português, você quer saber o nível de risco de algum servidor levar um pacote de papel A4 ou coisas do gênero para casa, "confundindo" o público com o privado. Nessa avaliação você pode identificar que, mesmo que aconteça, o impacto na organização é mínimo. Entretanto, por algum motivo, há diversos controles implementados para que esse desvio ético não aconteça.

A gestão de riscos, nesse exemplo, poderá fazer com que você chegue à conclusão de que os custos dos controles existentes são maiores que os benefícios gerados por eles, sendo que uma resposta aos riscos avaliados poderá ser, inclusive, a retirada de controles, levando a uma economia no processo e ajudando a derrubar também o mito anterior.

Mito 4 – Gestão de riscos só pode ser implementada com consultoria

Quando começamos a explicar a necessidade da implementação da gestão de riscos em uma organização, frequentemente nos deparamos com gestores que entendem que a única forma de conseguirem sucesso nesse projeto é a partir da contratação de consultores especializados no assunto.

Esse raciocínio é comum no setor público. Se eu não conheço algum tema, se eu não tenho a expertise necessária para desenvolvê-lo na minha organização, então tenho que recorrer a uma consultoria. Entretanto, essa lógica um tanto simplista pode fazer com que nos esqueçamos de uma outra forma de se adquirir conhecimento, que é capacitando a própria organização.

Quero deixar claro que não há nada de errado em se contratar consultoria, desde que sejam observados alguns pontos, entre os quais destaco a experiência desses consultores no desenvolvimento de trabalhos no setor público e a previsão de transferência de conhecimento sobre o tema aos agentes públicos da organização, ou seja, o órgão ou entidade deverá ser capaz de "andar com suas próprias pernas" ao término da consultoria.

Como o processo de gestão de riscos deve ser implementado de forma contínua e sem "atropelos", a capacitação de alguns agentes públicos que servirão como multiplicadores poderá gerar bons resultados a partir de um custo muito baixo. Todos os *cases* que abordarei em um capítulo posterior nesta obra foram construídos a partir da capacitação de seus servidores e internalização do conhecimento adquirido nesses treinamentos.

Mito 5 – Gestão de riscos só pode ser implementada se eu tiver um sistema

O último mito que gostaria de tentar desconstruir neste livro, embora existam outros, é que para fazermos uma gestão de riscos necessariamente precisamos de um sistema informatizado para gerenciar os riscos e monitorar o plano de ação elaborado para enfrentá-los.

É claro que um sistema ajuda e será mais necessário quanto maior for o número de processos que tiverem seus riscos já mapeados. Entretanto, quando verificamos como empresas, órgãos e entidades que já possuem programas de gestão de riscos mais maduros começaram, percebemos que na maior parte das vezes esse início se deu a partir de uma simples planilha.

Dessa forma, a falta de recursos financeiros para comprar e/ou desenvolver um sistema não pode ser uma desculpa para a não implementação da gestão de riscos em uma organização.

Verdade – Gestão de riscos é um processo contínuo, que exige mudança de cultura

Conforme afirma Hill (2003), um sistema de gestão de riscos não surge de forma mágica. Ele exige esforços contínuos em muitos níveis para permitir que as pessoas que compõem uma organização prevejam, avaliem, gerenciem, busquem *feedback* adequado e aprendam coisas sobre riscos.

No centro desses esforços estão a alta administração, diretores, gerentes e servidores públicos responsáveis pela gestão de riscos. Essas pessoas devem ter as competências e habilidades necessárias para modificar a abordagem adotada pela sua organização em relação a riscos. Sem as habilidades adequadas, a gestão de riscos continuará a ser uma preocupação periférica.

Um ponto importante é definir elementos culturais desejáveis e identificar os potencialmente adversos junto à alta administração da organização. Alguns questionamentos aos colaboradores são necessários e podem esclarecer como eles percebem tais elementos. O agente público sabe qual grau de autonomia se espera dele? Conhece os riscos inerentes dos processos sob sua responsabilidade?

A disseminação de histórias de sucesso no tema, a definição de uma autoridade para "patrocinar" a implementação da gestão de riscos em uma organização e a instituição de capacitação contínua são fatores que contribuem para uma melhor aceitação do projeto e deveriam ser lembrados na estruturação do processo de gestão de riscos.

CAPÍTULO 3

PRINCIPAIS ESTRUTURAS DE GERENCIAMENTO DE RISCOS

As pessoas que não assumem riscos geralmente cometem dois grandes erros por ano. As pessoas que assumem geralmente também.

Peter Drucker

Quando nos deparamos com a necessidade de se implementar a gestão de riscos em uma organização, seja ela do setor privado ou público, dois passos são fundamentais para o bom andamento do projeto: conhecer as principais estruturas e literatura sobre o tema e, em seguida, fazer o famoso *benchmarking* em órgãos ou entidades que já estejam desenvolvendo esse trabalho.

Nesse sentido, o objetivo deste capítulo é apresentar estruturas de gerenciamento de riscos mundialmente reconhecidas e que têm sido base para a implementação da gestão de riscos na maior parte das organizações em todo o mundo. Como veremos, a maioria dessas normas apresentam mais semelhanças que diferenças e são aplicáveis a qualquer tipo de organização, devendo ser adaptadas às características, atividades e cultura (FERMA, 2002).

3.1 Coso GRC ou Coso II e Coso 2017

Coso (*Committee of Sponsoring Organizations*) é o Comitê das Organizações Patrocinadoras, da Comissão Nacional sobre Fraudes em Relatórios Financeiros. Criado em 1985, sua origem está relacionada a um grande número de escândalos financeiros, na década de 70, nos Estados Unidos, que colocaram em dúvida a confiabilidade dos relatórios corporativos.

É uma entidade do setor privado – ou seja, foi uma iniciativa desse setor, independente –, sem fins lucrativos, voltada para o aperfeiçoamento da qualidade de relatórios financeiros, principalmente para estudar as causas da ocorrência de fraudes nesses documentos.

Em 1992, o Coso publicou um trabalho denominado *Internal control – Integrated framework*, revisado em 2013. Esse documento passou a ser referência sobre o assunto controle interno, definindo esse termo como: "Um processo conduzido pela estrutura de governança, administração e outros profissionais da entidade, e desenvolvido para proporcionar segurança razoável com respeito à realização dos objetivos relacionados a operações, divulgação e conformidade" (COSO, 2013).

O Coso I tornou-se referência por auxiliar organizações a avaliar e aperfeiçoar seus sistemas de controle interno, sendo essa estrutura incorporada em políticas, normas e regulamentos adotados por milhares de organizações para controlar melhor suas atividades visando ao cumprimento dos objetivos estabelecidos (TCU, 2009).

Em 2004, a intensificação da preocupação com riscos, a partir da crise ocorrida no início dos anos 2000, quando foram descobertas manipulações contábeis em diversas empresas, tais como Enron, Worldcom, Xerox, Parmalat (Itália), entre outras, fez com que o Coso (2007) divulgasse o trabalho *Enterprise risk management – Integrated framework* (traduzido por PriceWatherhouseCoopers e Instituto dos Auditores Internos do Brasil em 2007 como *Gerenciamento de riscos corporativos – Estrutura integrada*), também conhecido como Coso ERM, Coso GRC ou Coso II, com um foco mais voltado para o gerenciamento de riscos corporativos, tendo definido esse termo como:

> Processo conduzido em uma organização pelo conselho de administração, diretoria e demais empregados, aplicado no estabelecimento de estratégias, formuladas para identificar em toda a organização eventos em potencial, capazes de afetá-la, e administrar os riscos de modo a mantê-los compatível com o apetite a risco da organização e possibilitar garantia razoável do cumprimento dos seus objetivos. (COSO, 2007)

De acordo com o Coso GRC, com base na missão ou visão estabelecida por uma organização, a administração estabelece os planos principais, seleciona as estratégias e determina o alinhamento dos objetivos nos níveis da organização.

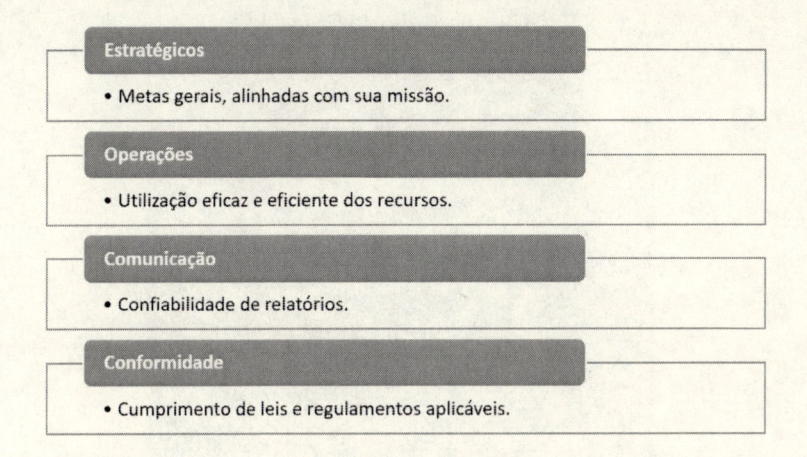

Estratégicos
- Metas gerais, alinhadas com sua missão.

Operações
- Utilização eficaz e eficiente dos recursos.

Comunicação
- Confiabilidade de relatórios.

Conformidade
- Cumprimento de leis e regulamentos aplicáveis.

Essa estrutura de gerenciamento de riscos é orientada a fim de alcançar os objetivos de uma organização e são classificados em *quatro categorias*:

Um avanço da estrutura do Coso GRC em relação ao Coso I, que tinha como enfoque os controles internos de uma organização, é justamente a categoria de objetivos estratégicos. A lógica por trás dessa inclusão é que, em se tratando de atingimento de objetivos de uma organização, de nada adiantariam as operações serem eficientes, os relatórios confiáveis e leis e regulamentos serem cumpridos, se não há uma estratégia a ser alcançada, ou seja, se a organização não sabe aonde quer chegar.

A figura a seguir ficou conhecida como Cubo do Coso. Embora ele não "apareça" na versão 2017 do Comitê, entendo pertinente apresentá-lo e explicá-lo, até mesmo para melhor compreensão do documento atual do Coso.

A dimensão superior apresenta os objetivos que devem ser objeto do gerenciamento de risco, conforme abordado anteriormente. Já a dimensão lateral representa os níveis da organização pelos quais perpassa a gestão de riscos. Por fim, a dimensão frontal apresenta os oito componentes do gerenciamento de riscos, que serão abordados de forma sucinta a seguir, representando o que é necessário fazer, de forma integrada, para atingir os objetivos elencados na face superior.

FIGURA 8 – Cubo do Coso GRC

Fonte: Coso (2007)

Ambiente interno
 O ambiente interno é moldado pela história e cultura da organização e, por sua vez, molda, de maneira explícita ou não, a cultura de riscos da organização e a forma como eles são encarados e gerenciados (tom da organização), influenciando a consciência de controle das pessoas (TCU, 2009).
 Segundo o Coso GRC, esse componente fornece a base pela qual os riscos são identificados e abordados pelo seu pessoal, sendo o alicerce para os demais. Integridade, valores éticos e competência dos colaboradores (funcionários, servidores etc.) são alguns dos fatores que compõem o ambiente interno. Além deles, a forma como a gestão delega autoridade e responsabilidades, define seu apetite de riscos, bem como posiciona sua estrutura de governança e define as políticas e práticas de recursos humanos também faz parte desse componente.

Fixação de objetivos
 A estrutura do Coso GRC requer que todos os níveis da organização tenham objetivos fixados e comunicados (estratégicos, operacionais, comunicação e conformidade), antes da identificação dos eventos que possam influenciar em seu atingimento.

Os objetivos estratégicos devem estar alinhados à missão da entidade e devem ser compatíveis com o apetite de riscos. Tais objetivos são metas de nível geral, alinhadas com a missão/visão da organização e fornecendo-lhe apoio. Devem refletir como a alta administração escolheu uma forma de gerar valor para as partes interessadas que, na esfera pública em última instância, é a sociedade.

Além desses objetivos, a organização deve estabelecer também objetivos correlatos (comunicação, operacionais e conformidade), que dão suporte e devem estar alinhados à estratégia selecionada e associados a todas as atividades da organização (COSO, 2007).

Identificação de eventos

Eventos são situações em potencial – que ainda não ocorreram – que podem causar impacto na consecução dos objetivos da organização, caso venham a ocorrer.

Podem ser positivos ou negativos, sendo que a estrutura do Coso GRC denomina os eventos negativos como *riscos*, enquanto os positivos são chamados de *oportunidades*.

FIGURA 9 – Identificação de eventos

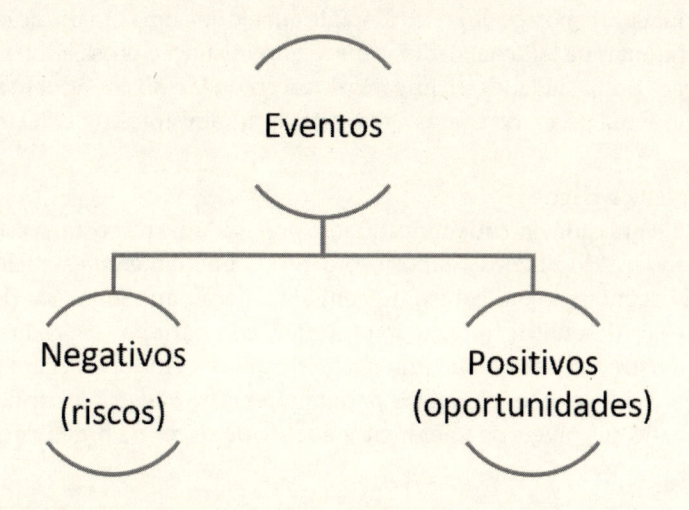

```
              Eventos
                 |
        ┌────────┴────────┐
   Negativos          Positivos
   (riscos)         (oportunidades)
```

Fonte: Autor

Por meio da identificação de eventos, pode-se planejar o tratamento adequado para as oportunidades e para os riscos, devendo ser entendidos como parte de um contexto, e não de forma isolada, já que muitas vezes um risco que parece trazer grande impacto pode ser minimizado pela existência conjunta de uma oportunidade (BRITO; FONTENELLE, 2015).

Uma infinidade de fatores externos (econômicos, sociais, políticos etc.) e internos (processo, pessoal, tecnologia etc.) impulsiona os eventos que afetam a implementação da estratégia e o cumprimento dos objetivos traçados pela organização.

Após a identificação de eventos, a organização atua sobre os riscos, avaliando-os e determinando a forma de tratamento para cada evento identificado e o tipo de resposta a ser dada a esse risco.

Avaliação de riscos

Os eventos identificados no componente anterior, externos e internos, devem ser avaliados sob a perspectiva de probabilidade e impacto de sua ocorrência. Essa avaliação é justificada para que a administração desenvolva estratégias para dar resposta aos riscos, ou seja, como os riscos serão administrados, de modo a diminuir a probabilidade de ocorrência e/ou a magnitude do impacto.

Os riscos devem ser avaliados quanto a sua condição de inerentes e residuais. Entende-se por risco inerente aquele que uma organização terá de enfrentar na falta de medidas que a administração possa adotar para alterar a probabilidade ou o impacto dos eventos. Já o risco residual é aquele que ainda permanece após a resposta da administração (COSO, 2007).

Resposta a riscos

Para cada risco identificado será prevista uma resposta. A escolha dependerá do nível de exposição a riscos previamente estabelecido pela organização em confronto com a avaliação que se fez do risco e pode ser de quatro tipos: evitar, aceitar, compartilhar ou reduzir. A administração deve obter uma visão dos riscos em toda organização e desenvolver ações concretas para manter o nível de riscos residuais alinhado aos níveis de tolerância e apetite de riscos da organização.

FIGURA 10 – Resposta a riscos

```
                    ┌─────────┐
                    │ REDUZIR │
                    └─────────┘

┌──────────────┐   ┌─────────────┐   ┌────────┐
│ COMPARTILHAR │   │  RESPOSTA   │   │ EVITAR │
│              │   │  A RISCOS   │   │        │
└──────────────┘   └─────────────┘   └────────┘

                    ┌─────────┐
                    │ ACEITAR │
                    └─────────┘
```

Fonte: Autor

De acordo com o Coso (2007), "evitar" sugere que nenhuma opção de resposta tenha sido identificada para reduzir o impacto e a probabilidade a um nível aceitável, "reduzir" ou "compartilhar" reduzem o risco residual a um nível compatível com as tolerâncias desejadas ao risco, enquanto "aceitar" indica que o risco inerente já esteja dentro das tolerâncias ao risco. Trataremos de cada uma dessas respostas, de maneira mais prática e com exemplos, no decorrer deste livro.

Ao analisar as respostas, a administração poderá considerar eventos e tendências anteriores, e o potencial de situações futuras (COSO, 2007). É importante que se tenha consciência de que sempre existirá algum nível de risco residual, não somente porque os recursos são limitados, mas também em decorrência da incerteza e das limitações inerentes a todas as atividades de uma organização.

É importante observarmos que aceitar o risco é uma forma de responder a ele. Ou seja, se eu "não fizer nada" em relação ao risco, eu ainda assim estou respondendo a ele, desde que esse "não fazer nada" seja consciente. Isso pode vir a ocorrer quando o custo de implementação de uma medida qualquer para responder a determinado risco fique muito alto, maior até do que os benefícios que a resposta traria para a organização (BRITO; FONTENELLE, 2015).

Atividades de controle

Segundo o Coso GRC, ao selecionar as respostas aos riscos, a administração identifica as atividades de controle necessárias para assegurar que estas sejam executadas de forma adequada e oportuna.

As atividades de controle geralmente estão expressas em políticas e procedimentos de controle, que são estabelecidos e aplicados para auxiliar e assegurar que ações identificadas pela administração, como necessárias para tratar os riscos relacionados ao cumprimento dos objetivos da organização, sejam realizadas de forma eficaz (BRASIL, 2017c).

Essas atividades contribuem para assegurar que os objetivos sejam alcançados, que as diretrizes administrativas sejam cumpridas e que as ações necessárias para gerenciar os riscos com vistas ao atingimento dos objetivos da entidade estejam sendo implementadas.

Ao selecionar as atividades de controle, a administração deve levar em consideração a forma como essas atividades se relacionam entre si. Há situações em que uma única atividade de controle aborda diversas respostas a riscos. Em outras, diversas atividades de controle são necessárias para dar resposta a apenas um risco. E, ainda, há aquelas situações em que a administração poderá constatar que as atividades de controle existentes são suficientes para assegurar a execução eficaz das novas respostas a riscos (COSO, 2007).

As atividades de controle, se estabelecidas de forma tempestiva e adequada, podem vir a prevenir ou administrar os riscos inerentes ou em potencial da entidade. Não são exclusividade de determinada área da organização, sendo realizadas em todos os níveis. Algumas tipologias dessas atividades são: atribuição de autoridade e limites de alçada, revisões da alta administração, normatização interna, segregação de funções, conciliações, capacitação e treinamento, entre outras.

Informação e comunicação

Esse componente abrange informações e sistemas de comunicação, permitindo que as pessoas da organização coletem e troquem informações necessárias para conduzir, gerenciar e controlar suas operações. É importante que toda a informação relevante, relacionada aos objetivos – riscos – controles, seja capturada tempestivamente e comunicada por toda a organização (BRASIL, 2017c).

A organização também deve possuir mecanismos para coletar informações do ambiente externo que possam afetá-la, e deve transmitir externamente aquelas que sejam relevantes aos *stakeholders*, inclusive à sociedade, que, no caso das organizações públicas, pode ser considerada a principal parte interessada.

A comunicação deverá ser oportuna e adequada, além de abordar aspectos financeiros, econômicos, operacionais e estratégicos. Deve ser entendida como um canal que movimenta as informações em todas as direções – dos superiores aos subordinados, e vice-versa – pois determinados assuntos são mais bem visualizados pelos integrantes dos níveis mais subordinados (COSO, 2007). A habilidade da administração de tomar decisões apropriadas é afetada pela qualidade da informação, que deve ser útil, isto é, apropriada, tempestiva, atual e precisa.

Monitoramento

Monitorar diz respeito a avaliar, certificar e revisar a estrutura de gestão de riscos e controles internos para saber se estão sendo efetivos ou não. Tem, portanto, o objetivo de avaliar a qualidade da gestão de risco e dos controles internos ao longo do tempo, buscando assegurar que estes funcionam como previsto e que são modificados apropriadamente, de acordo com mudanças nas condições que alterem o nível de exposição a riscos (TCU, 2009).

O processo completo de riscos e controles deve ser monitorado e modificações devem ser feitas para o seu aprimoramento. Assim, a estrutura de controle interno pode "reagir" de forma dinâmica, ajustando-se conforme as condições o determinem. O monitoramento pode ser realizado por meio de:

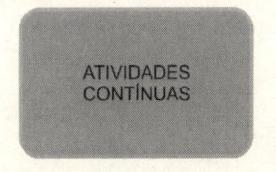

- ATIVIDADES CONTÍNUAS
- AVALIAÇÕES INDEPENDENTES
- AUTOAVALIAÇÕES

As atividades contínuas são incorporadas às demais atividades normais da organização, e as avaliações independentes, realizadas por auditores internos e/ou externos, garantem a eficácia do gerenciamento dos riscos ao longo do tempo. Modernamente também são utilizadas as autoavaliações, processo que pode ter um grande auxílio dos auditores.

O monitoramento contínuo ocorre no decurso normal das atividades de administração. O alcance e a frequência das avaliações independentes dependerão basicamente de uma avaliação dos riscos e da eficácia dos procedimentos contínuos de monitoramento.

Diferentemente das atividades de controle, que são concebidas para dar cumprimento aos processos e políticas da organização e visam tratar os riscos, as de monitoramento objetivam identificar fragilidades e possibilidades de melhoria (BRASIL, 2017c).

Coso 2017 – Integrado com estratégia e *performance*

O modelo apresentado até agora vinha sendo utilizado desde sua elaboração, em 2004. Entretanto, em junho de 2016 o Coso colocou em consulta pública uma revisão para esse modelo, objetivando destacar a importância do gerenciamento de riscos tanto na definição quanto na execução da estratégia e no gerenciamento do desempenho operacional. Com a incorporação dessa perspectiva, o modelo concluído em 2017 proporciona maior alinhamento às expectativas em torno das responsabilidades da governança e da alta administração no cumprimento das suas obrigações de *accountability* (TCU, 2017a).

É importante destacar que o Coso 2004 continua sendo utilizado, porém a evolução das práticas, para convergir ao novo modelo, é um esforço fortemente recomendável segundo o Coso 2017.

De maneira geral, com a revisão proposta o modelo passa a integrar o gerenciamento de riscos com outros processos da organização, tais como governança, definição da estratégia, definição dos objetivos e gestão do desempenho. O novo modelo explora a gestão da estratégia e dos riscos a partir de três perspectivas:
- Possibilidade de os objetivos estratégicos e de negócios não se alinharem com a missão, a visão e os valores fundamentais da organização.
- As implicações da estratégica escolhida.
- Os riscos na execução da estratégia.

Um ponto importante atualizado no documento é o refinamento entre apetite de riscos e tolerância a riscos, esta agora com enfoque na variação aceitável do desempenho. Veremos isso com mais detalhes em capítulo posterior.

O modelo revisado reduz de oito para cinco os componentes do gerenciamento de riscos e, da mesma forma como ocorreu na revisão do Coso I, realizada em 2013, a atualização do Coso II, proposta por este documento de 2017, adota princípios associados aos componentes.

Nesse novo modelo foram adotados 20 princípios de gerenciamento de riscos, que consistem em práticas que podem ser aplicadas de diferentes maneiras por diferentes organizações, independentemente de tamanho ou setor, e cuja implementação permitirá que a governança e a administração tenham uma expectativa razoável de que a organização entende e é capaz de gerenciar os riscos associados com a sua estratégia e os seus objetivos de negócio, em um nível aceitável.

A partir de agora passo a descrever os princípios relacionados a cada novo componente. Conforme mencionado, foram retirados do COSO (2017) e relacionados à figura a seguir, que substituiu o Cubo do Coso visto anteriormente.

FIGURA 11 – Novo gráfico de gestão de riscos corporativos do Coso

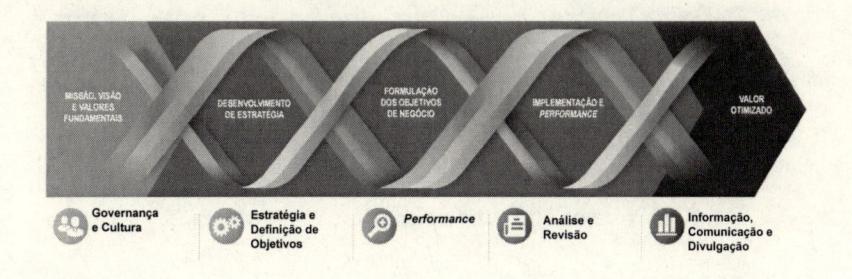

Fonte: Coso (2017).

a) **Governança e cultura (fornece a base para os demais componentes)**
   1. *Exerce supervisão do risco por intermédio do conselho* – O conselho de administração supervisiona a estratégia e cumpre responsabilidades de governança para ajudar a administração a atingir a estratégia e os objetivos de negócios.
   2. *Estabelece estruturas operacionais* – A organização estabelece estruturas operacionais para atingir a estratégia e os objetivos de negócios.
   3. *Define a cultura desejada* – A organização define os comportamentos esperados que caracterizam a cultura desejada pela entidade.
   4. *Demonstra compromisso com os valores fundamentais* – A organização demonstra compromisso com os valores fundamentais da entidade.
   5. *Atrai, desenvolve e retém pessoas capazes* – A organização tem o compromisso de formar capital humano de acordo com a estratégia e os objetivos de negócios.

b) **Estratégia e definição de objetivos**
   6. *Analisa o contexto de negócios* – A organização leva em conta os possíveis efeitos do contexto dos negócios sobre o perfil de riscos.
   7. *Define o apetite a risco* – A organização define o apetite a risco no contexto de criação, da preservação e da realização de valor.
   8. *Avalia estratégias alternativas* – A organização avalia estratégias alternativas e seu possível impacto no perfil de risco.
   9. *Formula objetivos de negócios* – A organização considera o risco enquanto estabelece os objetivos de negócios nos diversos níveis, que se alinham e suportam a estratégia.

c) *Performance*
   10. *Identifica o risco* – A organização identifica os riscos que impactam a execução da estratégia e os objetivos de negócios.
   11. *Avalia a severidade do risco* – A organização avalia a severidade do risco.
   12. *Prioriza os riscos* – A organização prioriza os riscos como base para a seleção das respostas a eles.
   13. *Implementa respostas aos riscos* – A organização identifica e seleciona respostas aos riscos.
   14. *Adota uma visão de portfólio* – A organização adota e avalia uma visão consolidada do portfólio de riscos.

d) Análise e revisão
15. *Avalia mudanças importantes* – A organização identifica e avalia mudanças capazes de afetar de forma relevante a estratégia e os objetivos de negócios.
16. *Analisa riscos e performance* – A organização analisa a performance da entidade e considera o risco como parte desse processo.
17. *Busca o aprimoramento no gerenciamento de riscos corporativos* – A organização busca o aprimoramento contínuo do gerenciamento de riscos corporativos.

e) Informação, comunicação e divulgação
18. *Alavanca sistemas de informação* – A organização maximiza a utilização dos sistemas de informação e tecnologias existentes na entidade para impulsionar o gerenciamento de riscos corporativos.
19. *Comunica informações sobre riscos* – A organização utiliza canais de comunicação para suportar o gerenciamento de riscos corporativos.
20. *Divulga informações de riscos, cultura e performance* – A organização elabora e divulga informações sobre riscos, cultura e performance abrangendo todos os níveis e a entidade como um todo.

3.2 ABNT NBR ISO 31000

A primeira versão da ABNT NBR *ISO 31000* foi elaborada em 2009, pela Comissão de Estudo Especial de Gestão de Riscos, sendo uma adoção idêntica, em conteúdo técnico, estrutura e redação, à ISO 31000:2009, preparada pelo ISO *Technical Management Board Working Group on Risk Management*, conforme ISO/IEC *Guide* 21-1:2005 (ABNT, 2009c).

Em complemento à ISO 31000 foi publicada a *ISO Guia 73* (ABNT, 2009a), que buscou definir conceitos sobre gestão de risco e padronizar terminologias sobre o tema. Por fim, no final de 2009 foi publicada a *ISO/IEC 31010 – Gestão de Riscos – Técnicas de Avaliação de Riscos* (ABNT, 2009b), norma de apoio à ISO 31000 e que fornece orientação detalhada sobre a seleção e aplicação de técnicas sistemáticas de identificação e avaliação de riscos, algumas das quais abordaremos nessa obra. Atualmente, em relação à ISO 31010, temos a versão mais recente, de 2019.

A ISO 31000 que veremos aqui é a versão atualizada (ABNT, 2018). Essa norma tem talvez a mais simples definição de riscos entre todas as outras normas e estruturas de gestão de riscos. Segundo ela, risco é o "efeito da incerteza nos objetivos". Esse efeito é um desvio em relação ao esperado, podendo ser positivo ou negativo. Essa é uma das diferenças entre essa norma e o Coso GRC que vimos anteriormente, já que este considera risco apenas como algo negativo, chamando de oportunidade quando o evento é positivo.

A ISO 31000 fornece princípios e diretrizes genéricas para a gestão de riscos, podendo ser utilizada por qualquer órgão ou empresa, pública, privada ou comunitária, associação, grupo ou indivíduo. Portanto, não é específica para qualquer indústria ou setor, razão pela qual tem sido umas das principais estruturas de gestão de riscos utilizadas pelos órgãos e entidades da Administração Pública, juntamente com o Coso GRC visto anteriormente.

Embora forneça diretrizes genéricas, a ISO 31000 não pretende promover a uniformidade da gestão de riscos entre organizações. A concepção e a implementação de planos e estruturas para gestão de riscos precisarão levar em consideração as necessidades variadas de uma organização específica, seus objetivos, contexto, estrutura, operações, processos, funções, projetos, produtos, serviços ou ativos e práticas específicas empregadas.

Segundo essa norma, o propósito da gestão de riscos é a criação e proteção de valor. Ela melhora o desempenho, encoraja a inovação e apoia o alcance de objetivos. Ainda segundo a versão atual da ISO 31000, os princípios são a base para gerenciar riscos e devem ser considerados quando se estabelecerem a estrutura e os processos de gestão de riscos da organização. Eles devem, ainda, possibilitar à organização gerenciar os efeitos da incerteza nos seus objetivos. A seguir são apresentados cada um deles, com uma breve explicação.

FIGURA 12 – Princípios da Gestão de Riscos segundo a ISO 31000

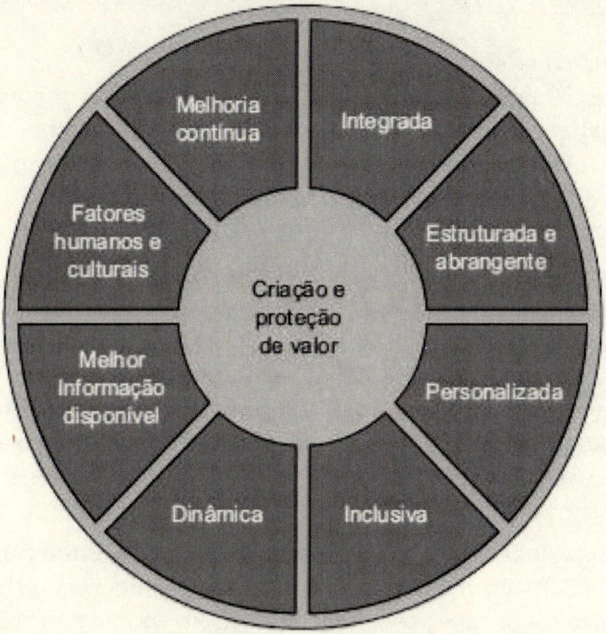

[Figura: diagrama circular com os princípios: Melhoria contínua, Integrada, Estruturada e abrangente, Personalizada, Inclusiva, Dinâmica, Melhor Informação disponível, Fatores humanos e culturais; centro: Criação e proteção de valor]

Fonte: ABNT (2018)

a) A gestão de riscos deve ser integrada
A gestão de riscos é parte integrante de todas as atividades organizacionais.

b) A gestão de riscos deve ser estruturada e abrangente
Uma abordagem estruturada e abrangente para a gestão de riscos contribui para resultados consistentes e comparáveis.

c) A gestão de riscos deve ser personalizada
A estrutura e o processo de gestão de riscos são personalizados e proporcionais aos contextos externo e interno da organização relacionados aos seus objetivos.

d) A gestão de riscos deve ser inclusiva
O envolvimento apropriado e oportuno das partes interessadas possibilita que seus conhecimentos, pontos de vista e percepções sejam

considerados. Isto resulta em melhor conscientização e gestão de riscos fundamentada.

e) A gestão de riscos deve ser dinâmica

Riscos podem emergir, mudar ou desaparecer à medida que os contextos externo e interno de uma organização mudem. A gestão de riscos antecipa, detecta, reconhece e responde a estas mudanças e eventos de uma maneira apropriada e oportuna.

f) A gestão de riscos deve se basear nas melhores informações disponíveis

As entradas para a gestão de riscos são baseadas em informações históricas e atuais, bem como em expectativas futuras. A gestão de riscos explicitamente leva em consideração quaisquer limitações e incertezas associadas a estas informações e expectativas. Convém que a informação seja oportuna, clara e disponível para as partes interessadas pertinentes.

g) A gestão de riscos deve considerar fatores humanos e culturais

O comportamento humano e a cultura influenciam significativamente todos os aspectos da gestão de riscos em cada nível e estágio.

h) A gestão de riscos deve buscar uma melhoria contínua

A gestão de riscos é melhorada continuamente por meio do aprendizado e experiências. Em relação ao processo de gestão de riscos, envolve a aplicação sistemática de políticas, procedimentos e práticas para as atividades de comunicação e consulta, estabelecimento do contexto e avaliação, tratamento, monitoramento, análise crítica, registro e relato de riscos (ABNT, 2018). Da mesma forma como vimos os oito componentes da estrutura de gerenciamento de riscos do Coso GRC, apresento agora os principais pontos do processo de gestão de riscos da ISO 31000, a partir da figura a seguir.

FIGURA 13 – Processo de gestão de riscos segundo a ISO 31000

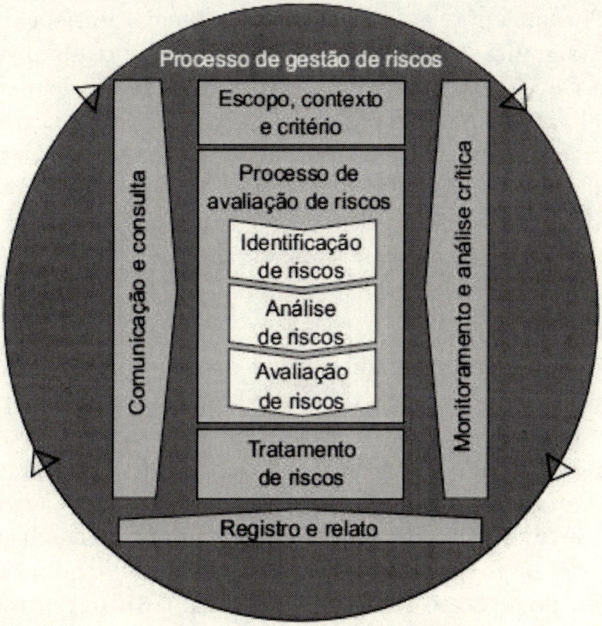

Fonte: ABNT (2018)

Escopo, contexto e critérios

O propósito do estabelecimento do escopo, contexto e critérios é personalizar o processo de gestão de riscos, permitindo um processo de avaliação de riscos eficaz e um tratamento de riscos apropriado. Escopo, contexto e critérios envolvem a definição do escopo do processo, a compreensão dos contextos externo e interno (ABNT, 2018).

Como o processo de gestão de riscos pode ser aplicado em diferentes níveis (estratégico, operacional, programa, projeto ou outras atividades), é importante ser claro sobre o escopo em consideração, os objetivos pertinentes a serem considerados e o seu alinhamento aos objetivos organizacionais. Em relação ao contexto (interno e externo) do processo de gestão de riscos, esse deve ser estabelecido a partir da compreensão dos ambientes externo e interno no qual a organização opera, refletindo o ambiente específico da atividade ao qual o processo de gestão de riscos é aplicado. Compreender o contexto é importante porque: i) a gestão de riscos ocorre no contexto dos objetivos e atividades da organização; ii) fatores organizacionais podem ser uma fonte de risco; e iii) o propósito e escopo do processo de gestão de riscos podem estar inter-relacionados com os objetivos da organização como um todo.

Por fim, em relação aos critérios, devem ser estabelecidos para avaliar a significância do risco e para apoiar os processos de tomada de decisão. Devem estar alinhados à estrutura de gestão de riscos e serem personalizados para o propósito específico e o escopo da atividade em consideração. Além disso, devem refletir os valores, objetivos e recursos da organização, sendo consistentes com as políticas e declarações sobre gestão de riscos, levando em consideração as obrigações da organização e os pontos de vista das partes interessadas.

Identificação de riscos

O propósito da identificação de riscos é encontrar, reconhecer e descrever riscos que possam ajudar ou impedir que uma organização alcance seus objetivos. Informações pertinentes, apropriadas e atualizadas são importantes na identificação de riscos (ABNT, 2018).

A organização pode usar uma variedade de técnicas para identificar incertezas que podem afetar um ou mais objetivos. Um documento importante, da mesma série dessa ISO, e que pode auxiliar nessa fase do processo é a ABNT NBR ISO/IEC 31010, que traz técnicas para o processo de avaliação de riscos. Veremos algumas delas ao longo desta obra.

Análise de riscos

Essa fase do processo envolve a apreciação das causas e as fontes de risco, suas consequências positivas e negativas, e a probabilidade de que essas consequências possam ocorrer. Os fatores que afetam as consequências e a probabilidade devem ser identificados. O risco é analisado determinando-se as consequências e sua probabilidade, e outros atributos do risco. Um evento pode ter várias consequências e pode afetar vários objetivos.

Segundo a ISO 31000, a análise de riscos fornece uma entrada para a avaliação de riscos, para decisões sobre se o risco necessita ser tratado e de que maneira, além da estratégia e os métodos mais apropriados para o tratamento de riscos. Os resultados propiciam discernimento para decisões, em que escolhas estão sendo feitas e as opções envolvem diferentes tipos e níveis de risco.

Avaliação de riscos

A avaliação de riscos envolve comparar o nível de risco encontrado durante o processo de análise com os critérios de riscos estabelecidos quando o contexto foi considerado. Com base nesta comparação, a necessidade do tratamento pode ser considerada. Essa fase auxilia na tomada de decisões.

Cabe ressaltar nesse ponto que, em algumas circunstâncias, a avaliação de riscos pode levar à decisão de se proceder a uma análise mais aprofundada. Entretanto, também pode levar à decisão de não se tratar o risco de nenhuma outra forma a não ser manter os controles existentes.

Tratamento de riscos

Essa fase envolve um processo cíclico composto por avaliação do tratamento de riscos já realizado; decisão se os níveis de risco residual são toleráveis; se não forem toleráveis, a definição e implementação de um novo tratamento para os riscos; e avaliação da eficácia desse tratamento. Segundo a ISO 31000, as opções podem incluir os seguintes aspectos:

a) evitar o risco ao decidir não iniciar ou continuar com a atividade que dá origem ao risco;
b) assumir ou aumentar o risco de maneira a perseguir uma oportunidade;
c) remover a fonte de risco;
d) mudar a probabilidade;
e) mudar as consequências;
f) compartilhar o risco (por exemplo, por meio de contratos, compra de seguros);
g) reter o risco por decisão fundamentada.

Registro e relato

O processo de gestão de riscos e seus resultados devem ser documentados e relatados por meio de mecanismos apropriados. O registro e o relato visam: i) comunicar atividades e resultados de gestão de riscos em toda a organização; ii) fornecer informações para a tomada de decisão; iii) melhorar as atividades de gestão de riscos; e iv) auxiliar a interação com as partes interessadas, incluindo aquelas com responsabilidade e com responsabilização por atividades de gestão de riscos (ABNT, 2018). As decisões relativas à criação, retenção e manuseio de informação documentada levam em consideração, mas não se limitam ao seu uso, a sensibilidade da informação e os contextos externo e interno. O relato é parte integrante da governança da organização e objetiva melhorar a qualidade do diálogo com as partes interessadas e apoiar a Alta Direção e os órgãos de supervisão a cumprirem suas responsabilidades.

Monitoramento e análise crítica

Segundo a norma, o monitoramento e a análise crítica devem assegurar e melhorar a qualidade e eficácia da concepção, implementação e resultados do processo. Devem ser periódicos e uma parte planejada do processo de gestão de riscos, com responsabilidades claramente estabelecidas, ocorrendo em todos os estágios do processo.

O monitoramento e análise crítica incluem o planejamento, coleta e análise de informações, registro de resultados e fornecimento de retorno. Seus resultados devem ser incorporados em todas as atividades de gestão de desempenho, medição e relatos da organização (ABNT, 2018).

3.3 *The Orange Book*

O documento *The Orange Book: Management of risk – Principles and concepts* (*Gerenciamento de riscos – Princípios e conceitos*) foi produzido e publicado pelo HM Treasury do Governo Britânico (UK, 2004), sendo amplamente utilizado como a principal referência do Programa de Gerenciamento de Riscos do Governo do Reino Unido, iniciado em 2001. O modelo foi atualizado em 2004 e tem como vantagens, além de ser compatível com padrões internacionais de gerenciamento de riscos, como Coso GRC e ISO 31000, vistos anteriormente, apresentar uma introdução ao tema gerenciamento de riscos, tratando de forma abrangente e descomplicada um tema complexo.

Segundo o documento, mais importante que uma organização seguir qualquer norma ou estrutura de risco em particular é sua habilidade em demonstrar que os riscos são gerenciados, com suas particularidades e de uma maneira que efetivamente suporta a entrega de seus objetivos (UK, 2004).

O modelo de gerenciamento de riscos do *Orange Book* é ilustrado a seguir.

FIGURA 14 – Modelo de gerenciamento de riscos do *Orange Book*

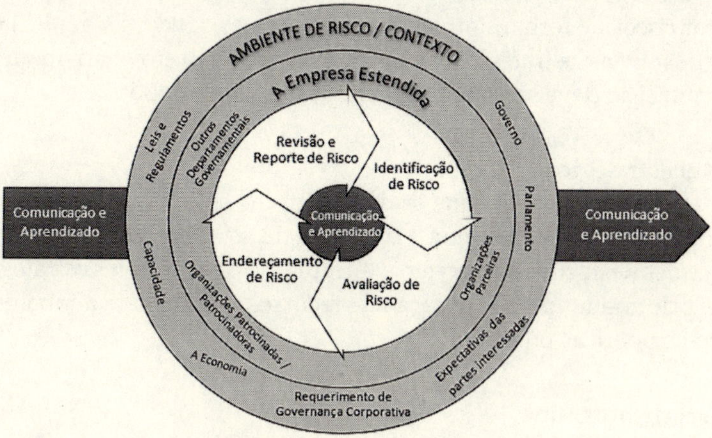

Fonte: UK (2004) (tradução livre)

A gestão do risco não é um processo linear, mas o equilíbrio de uma série de elementos entrelaçados que interagem uns com os outros e que devem estar em equilíbrio para que a gestão de risco seja efetiva. Além disso, os riscos específicos não podem ser abordados isoladamente um do outro, pois a gestão de um risco pode ter impacto em outro, e podem ser desenvolvidas ações efetivas que controlem mais de um risco simultaneamente (UK, 2004).

Nenhuma organização é inteiramente autônoma, apresentando uma série de interdependências com outras organizações. O modelo chama essas interdependências de "empresa/organização estendida", que impactam a gestão de risco da organização, dando origem a certos riscos adicionais que precisam ser gerenciados.

O modelo funciona em um ambiente em que o apetite de risco tenha sido definido e esse conceito perpassa toda sua estrutura. Ele divide o processo central de gerenciamento de risco em elementos (identificação, avaliação, resposta e monitoramento) para fins ilustrativos, em consonância com o que vimos em outras estruturas de riscos. Além disso, o modelo ilustra como o processo central de gerenciamento de riscos não é algo isolado, mas que ocorre em um contexto.

Importante ressaltar que *comunicação e aprendizagem* não constituem uma etapa distinta na gestão do risco. Em vez disso, é algo que atravessa todo o processo de gerenciamento de riscos, razão pela qual é representado por uma seta que permeia o modelo.

O *Guia de orientação para o gerenciamento de riscos* do GesPública (BRASIL, 2013b), afirma que uma das vantagens do *Orange Book* é tratar riscos de forma simples, sendo que estes devem ser gerenciados em três níveis: estratégico, de programas e de projetos e atividades. A organização deve ser capaz de gerenciar riscos em todos eles.

Nível estratégico
É neste nível em que se dá o contrato político do governo com a sociedade e é estabelecida a coerência do seu programa de governo. Decisões neste nível envolvem a formulação dos objetivos estratégicos e as prioridades para a alocação de recursos públicos em alinhamento com as políticas públicas.

Nível de programa
Neste nível encontram-se as decisões de implementação e gerenciamento de programas temáticos previstos no nível estratégico, através dos quais são executadas as políticas e as ações prioritárias de governo. Ocorre a transformação da estratégia em ações.

Nível de projetos e atividades
Neste nível encontram-se os projetos que contribuirão para o atingimento dos objetivos dos programas, e as atividades relativas aos processos finalísticos. As lideranças em todos os níveis da organização devem estar conscientes, capacitadas e motivadas com relação à relevância do gerenciamento de riscos nos três níveis, que são interdependentes.

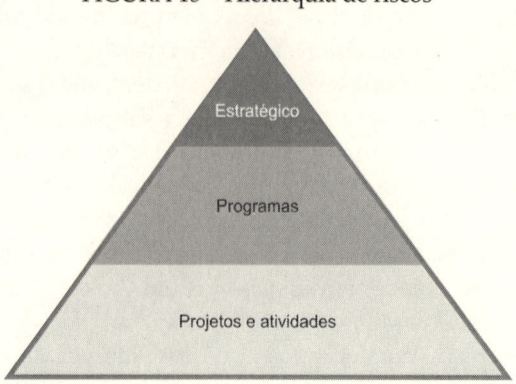

FIGURA 15 – Hierarquia de riscos

Fonte: UK (2004) (tradução livre)

3.4 O modelo das três linhas do IIA 2020

Embora não seja um documento que traga uma proposta de estrutura para o gerenciamento de riscos em uma organização, optei por apresentar o modelo das *três linhas (anteriormente chamado de três linhas de defesa)* neste capítulo por ser uma forma simples e eficaz de melhorar a comunicação do gerenciamento de riscos e controle por meio do esclarecimento dos papéis e responsabilidades essenciais de cada um dentro de uma organização, sendo aplicável a qualquer órgão ou entidade – não importando o seu tamanho ou a sua complexidade – ainda que não exista uma estrutura ou sistema formal de gestão de riscos.

O modelo de três linhas do Instituto dos Auditores Internos ajuda as organizações a identificar estruturas e processos que melhor auxiliam no atingimento dos objetivos e facilitam uma forte governança e gerenciamento de riscos, aplicável a todas as organizações. Não pretende denotar elementos estruturais, mas uma diferenciação útil de papéis dentro da organização (IIA, 2020).

Princípios do modelo de três linhas

I – Governança, que requer estruturas e processos apropriados que permitam: i) a prestação de contas por parte de um corpo administrativo aos *stakeholders* quanto à supervisão organizacional através da integridade, liderança e transparência; ii) ações (incluindo o gerenciamento de riscos) da gestão para atingir os objetivos da organização por meio da tomada de decisões baseada em riscos e da aplicação de recursos; e iii) avaliação e assessoria por uma função de auditoria interna independente, para oferecer clareza e confiança, além de promover e facilitar a melhoria contínua, por meio de investigação rigorosa e comunicação perspicaz.

II – Papéis do corpo administrativo, que garanta que estruturas e processos adequados estejam em vigor para uma governança eficaz e que os objetivos e atividades organizacionais estejam alinhados com os interesses priorizados dos stakeholders. O corpo administrativo delega responsabilidades e oferece recursos à gestão para atingir os objetivos da organização, garantindo que as expectativas legais, regulatórias e **éticas** sejam atendidas, e estabelece e supervisiona uma função de auditoria interna independente, objetiva e competente para oferecer clareza e confiança no progresso em direção ao atingimento dos objetivos.

III – Gestão e os papéis da primeira e segunda linhas, que podem ser combinados ou separados, para atingir os objetivos organizacionais. Os papéis de primeira linha estão mais diretamente alinhados com a entrega de produtos e/ou serviços aos clientes da organização, incluindo funções de apoio. Contempla a responsabilidade pelo gerenciamento de riscos. Os papéis de segunda linha fornecem assistência no gerenciamento de riscos. No entanto, a responsabilidade pelo gerenciamento de riscos segue fazendo parte dos papéis de primeira linha e dentro do escopo da gestão.

IV – Papéis da terceira linha, que presta avaliação e assessoria independentes e objetivas sobre a adequação e eficácia da governança e do gerenciamento de riscos. Isso é feito através da aplicação competente de processos sistemáticos e disciplinados, expertise e conhecimentos. Ela reporta suas descobertas à gestão e ao corpo administrativo para promover e facilitar a melhoria contínua. Ao fazê-lo, pode considerar a avaliação de outros prestadores internos e externos.

V – A independência da terceira linha, em relação a responsabilidades da gestão, que é fundamental para sua objetividade, autoridade e credibilidade. É estabelecida por meio de prestação de contas ao corpo administrativo, do acesso irrestrito a pessoas, de recursos e dados necessários para concluir seu trabalho e de liberdade de viés ou interferência no planejamento e prestação de serviços de auditoria.

VI – Criando e protegendo valor. Todos os papéis que trabalham juntos contribuem coletivamente para a criação e proteção de valor quando estão alinhados entre si e com os interesses priorizados dos *stakeholders*. O alinhamento das atividades é feito através da comunicação, cooperação e colaboração. Isso garante a confiabilidade, coerência e transparência das informações necessárias para a tomada de decisões baseada em riscos.

FIGURA 16 – Modelo de três linhas do IIA

O Modelo das Três Linhas do The IIA

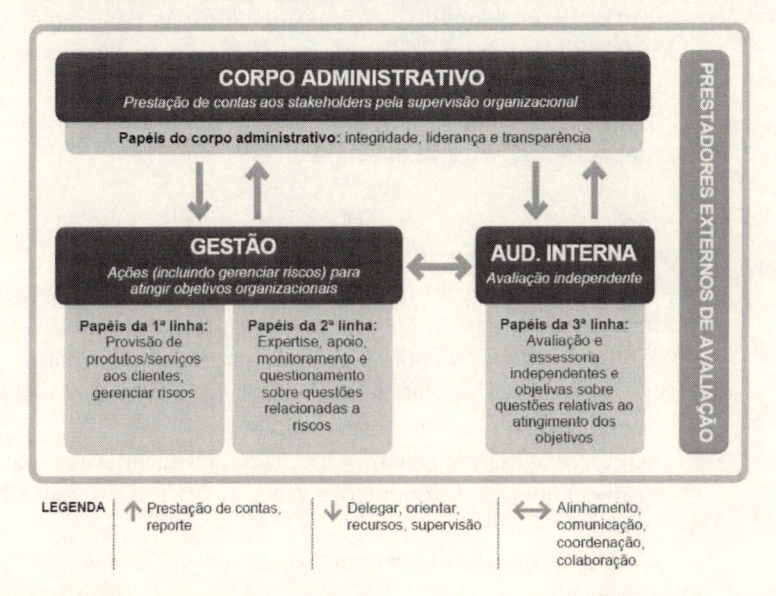

CORPO ADMINISTRATIVO
Prestação de contas aos stakeholders pela supervisão organizacional

Papéis do corpo administrativo: integridade, liderança e transparência

GESTÃO
Ações (incluindo gerenciar riscos) para atingir objetivos organizacionais

AUD. INTERNA
Avaliação independente

Papéis da 1ª linha: Provisão de produtos/serviços aos clientes; gerenciar riscos

Papéis da 2ª linha: Expertise, apoio, monitoramento e questionamento sobre questões relacionadas a riscos

Papéis da 3ª linha: Avaliação e assessoria independentes e objetivas sobre questões relativas ao atingimento dos objetivos

PRESTADORES EXTERNOS DE AVALIAÇÃO

LEGENDA:
↑ Prestação de contas, reporte
↓ Delegar, orientar, recursos, supervisão
↔ Alinhamento, comunicação, coordenação, colaboração

Fonte: IIA (2020)

Papéis do modelo de três linhas
Corpo administrativo

O corpo administrativo normalmente determina a direção da organização, definindo a visão, missão, valores e apetite organizacional a riscos. Em seguida, delega a responsabilidade pelo atingimento dos objetivos da organização à gestão, juntamente com os recursos necessários. O corpo administrativo recebe relatórios da gestão sobre os resultados planejados, reais e esperados, bem como relatórios sobre riscos e gerenciamento de riscos. Outros papéis:

- Aceita prestação de contas pela supervisão da organização perante os *stakeholders*.
- Envolve os *stakeholders* para monitorar seus interesses e se comunicar de forma transparente sobre o atingimento dos objetivos.
- Cultiva uma cultura que promove comportamento ético e responsabilidade.
- Estabelece estruturas e processos para governança, incluindo comitês auxiliares, conforme necessário.

- Delega responsabilidades e oferece recursos à gestão para atingir os objetivos da organização.
- Determina o apetite organizacional a riscos e exerce a supervisão do gerenciamento de riscos (incluindo controle interno).
- Mantém a supervisão da conformidade com as expectativas legais, regulatórias e éticas.
- Estabelece e supervisiona uma função de auditoria interna independente, objetiva e competente.

Gestão
Papéis da primeira linha
- Liderar e dirigir ações (incluindo gerenciamento de riscos) e aplicação de recursos para atingir os objetivos da organização.
- Manter um diálogo contínuo com o corpo administrativo e reportar: resultados planejados, reais e esperados, vinculados aos objetivos da organização; e riscos.
- Estabelecer e manter estruturas e processos apropriados para o gerenciamento de operações e riscos (incluindo controle interno).
- Garantir a conformidade com as expectativas legais, regulatórias e éticas.

Como primeira linha, os gerentes operacionais gerenciam os riscos e têm propriedade sobre eles. Eles também são os responsáveis por implementar as ações corretivas para resolver deficiências em processos e controles.

Se pensarmos em uma organização do setor público, essa primeira linha de defesa é aquela realizada por cada agente público no exercício de suas atividades. Imaginemos um professor de uma escola pública. No exercício da docência, para que ele consiga ministrar boas aulas, alguns controles devem ser estabelecidos por ele, enquanto primeira linha de defesa, tais como: manter-se atualizado, preparar um cronograma de aulas adequado, cuidar da voz etc.

Segundo a *Instrução Normativa nº 3/2017* da CGU (BRASIL, 2017b), a primeira linha é responsável por identificar, avaliar, controlar e mitigar os riscos, guiando o desenvolvimento e a implementação de políticas e procedimentos internos destinados a garantir que as atividades sejam realizadas de acordo com as metas e objetivos da organização.

A primeira linha de defesa contempla os controles primários, também chamados de controles internos da gestão, que devem ser instituídos e mantidos pelos gestores responsáveis pela implementação das políticas públicas durante a execução de atividades e tarefas, no âmbito de seus macroprocessos finalísticos e de apoio.

Esses controles devem ser integrados ao processo de gestão, dimensionados e desenvolvidos na proporção requerida pelos riscos, de acordo com a natureza, a complexidade, a estrutura e a missão da organização, de forma a assegurar sua adequação e eficácia.

Em relação aos riscos, essa linha de defesa tem a responsabilidade de gerenciá-los. Nesse sentido, deve (DELOITTE, 2014):
- Conduzir negócios de acordo com a estratégia acordada e o apetite e limites de risco relacionados.
- Promover uma cultura de riscos forte e uma tomada de decisão sustentável de retorno de risco.
- Estabelecer e operar a estrutura de riscos e controle da unidade de negócio capaz de garantir a operação dentro das políticas acordadas e limites de risco.
- Realizar autoavaliações rigorosas em relação a políticas, procedimentos e limites estabelecidos.
- Realizar periodicamente autoavaliações de riscos.
- Informar e escalar violações de limites de riscos.

Papéis da segunda linha

As instâncias de segunda linha de defesa estão situadas ao nível da gestão e objetivam assegurar que as atividades realizadas pela primeira linha sejam desenvolvidas e executadas de forma apropriada (BRASIL, 2017a). Têm como principais papéis:
- Fornecer expertise complementar, apoio, monitoramento e questionamento quanto ao gerenciamento de riscos, incluindo o desenvolvimento, implantação e melhoria contínua das práticas de gerenciamento de riscos (incluindo controle interno) nos níveis de processo, sistemas e entidade e o atingimento dos objetivos de gerenciamento de riscos, como: conformidade com leis, regulamentos e comportamento ético aceitável; controle interno; segurança da informação e tecnologia; sustentabilidade; e avaliação da qualidade.
- Fornecer análises e reportar sobre a adequação e eficácia do gerenciamento de riscos (incluindo controle interno).

Essas instâncias ou funções são destinadas a apoiar o desenvolvimento dos controles internos e realizar atividades de supervisão e de monitoramento das atividades desenvolvidas no âmbito da primeira linha de defesa.

Como exemplo, no Poder Executivo Federal, os assessores e assessorias especiais de controle interno – AECI nos ministérios integram a segunda linhae podem ter sua atuação complementada por outras estruturas específicas definidas pelas próprias organizações.

Em relação aos riscos, essa linha tem a responsabilidade de definir sua política e monitorá-los. Nesse sentido, deve (DELOITTE, 2014):
- Estabelecer políticas e procedimentos, metodologias e ferramentas de gerenciamento de riscos, incluindo estrutura de apetite de risco, e disponibilizar para toda a organização.
- Facilitar o estabelecimento de declaração de apetite de riscos com a contribuição da alta administração e do conselho (quando houver) e estabelecer limites de risco.
- Monitorar os limites de risco e se comunicar com a alta administração em relação às exceções.
- Fornecer supervisão de risco independente em todos os tipos de risco, unidades de negócios e locais.

Auditoria interna

Os auditores internos mantêm a prestação de contas primária perante o corpo administrativo e a independência das responsabilidades da gestão, devendo reportar a ele prejuízos a essa independência e à objetividade do auditor, além de implantar salvaguardas conforme necessário.

Devem comunicar a avaliação e assessoria independentes e objetivas à gestão e ao corpo administrativo sobre a adequação e eficácia da governança e do gerenciamento de riscos (incluindo controle interno), para apoiar o atingimento dos objetivos organizacionais e promover e facilitar a melhoria contínua.

Na Administração Pública Federal, considerando que os órgãos não possuem auditoria interna em sua estrutura, a responsável por essa 3ª linha é a Controladoria-Geral da União – CGU, que é considerada a auditoria interna do Poder Executivo Federal. Nas esferas estaduais e municipais essa função é exercida pelas controladorias estaduais e municipais. O TCU tem sido considerado a 4ª linha (ou prestador externo de avaliação), expandindo o modelo de três linhas para abarcar o controle externo.

Segundo o *Referencial técnico da atividade de auditoria interna governamental do Poder Executivo Federal* (BRASIL, 2017b), a terceira linha presta serviços de avaliação e de consultoria com base nos pressupostos de autonomia técnica e de objetividade, devendo ser desempenhada com o propósito de contribuir para o aprimoramento das políticas públicas e a atuação das organizações que as gerenciam. Os destinatários desses serviços são a alta administração, os gestores das organizações e entidades públicas federais e a sociedade.

Por fim, especificamente em relação aos riscos, essa linha deve (DELOITTE, 2014):
- Executar testes independentes e avaliar se a estrutura de apetite de risco, políticas de risco, procedimentos de risco e controles relacionados estão funcionando como previsto.
- Fornecer avaliação à administração quanto à qualidade e eficácia do programa de gerenciamento de riscos, incluindo apetite de riscos.

Prestadores externos de avaliação

Prestam avaliação adicional para cumprir com as expectativas legislativas e regulatórias que servem para proteger os interesses dos stakeholders, bem como atender aos pedidos da gestão e do corpo administrativo para complementar as fontes internas de avaliação.

O corpo administrativo, a gestão e a auditoria interna têm responsabilidades distintas, mas todas as atividades precisam estar alinhadas com os objetivos da organização. A base para uma coerência bem-sucedida é a coordenação, colaboração e comunicação regulares e eficazes.

FIGURA 17 – Resumindo as linhas do IIA

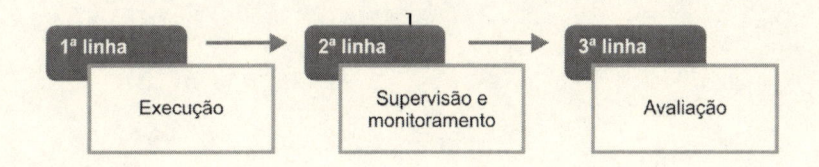

1ª linha	2ª linha	3ª linha
Execução	Supervisão e monitoramento	Avaliação

Fonte: Autor

CAPÍTULO 4

INICIATIVAS NO SETOR PÚBLICO

Se você não investe em gerenciamento de riscos, não importa o negócio em que você está, é um negócio arriscado.

Gary Cohn

Apesar de termos iniciativas em gestão de riscos no setor privado desde o século passado, com elevados níveis de maturidade, no setor público, principalmente no Brasil, as experiências ainda são tímidas e pontuais, embora tenha que reconhecer que houve importantes avanços nos últimos cinco anos.

Em pesquisa realizada pela PwC, em parceria com a *Association for Federal Enterprise Risk Management* (PWC, 2015) com líderes de riscos e conformidade em cerca de 30 departamentos e agências federais nos EUA, em 2015, 56% dos entrevistados informaram que existe em suas organizações programa formal de gestão de riscos. Desses, entretanto, 80% relataram que essas iniciativas são recentes, implementadas nos últimos cinco anos. Já entre os 44% que ainda não implementaram a gestão de riscos, 42% planejavam essa iniciativa para o próximo ano e outros 50% para os próximos cinco anos, ou seja, apenas 8% não sabiam quando iriam implementar. Ninguém respondeu que não pretendia ter um programa formal de gestão de riscos. Mais recentemente, outra *"big four"*, Deloitte (2019), com o mesmo objetivo de pesquisa, identificou que, ao final de 2018, 83% das empresas pesquisadas já contavam com um programa de gerenciamento de riscos corporativos em vigor.

A Lei de Governança australiana (*Public Governance, Performance and Accountability Act 2013*) estabelece oito elementos que deveriam ser cumpridos pelas entidades do setor público para um nível adequado de supervisão e gerenciamento de riscos, quais sejam: estabelecer uma política de gerenciamento de riscos; definir responsabilidades pelo gerenciamento de risco; incorporar o gerenciamento sistemático de riscos nos processos de negócios; desenvolver uma cultura de risco positiva; comunicar e consultar sobre o risco; compreender e gerenciar riscos compartilhados; manter a capacidade de gerenciamento de riscos; e revisar e melhorar continuamente a gestão de riscos (AUSTRALIAN GOVERNMENT, 2013).

Warwick McKibbin, antigo membro do Comitê do Banco Central australiano, afirma que a incerteza e a gestão de riscos devem estar no cerne de todo projeto de política pública (DUNN, 2015). "A questão correta não deveria ser o quão boa uma política pode ser no melhor mundo possível, mas o que pode dar errado se o mundo for diferente do que se supõe?", questiona McKibbin.

Voltando ao nosso país, antes de falarmos de algumas bem-sucedidas experiências em gestão de riscos no setor público, é importante trazer os principais pontos de uma norma que tem sido considerada um marco para a evolução da gestão de riscos na Administração Pública.

4.1 Instrução Normativa Conjunta MP/CGU nº 1/2016 – IN

A norma em questão foi publicada no *Diário Oficial da União – DOU* em 11.5.2016, dispondo sobre controles internos, gestão de riscos e governança no âmbito do Poder Executivo Federal.

Segundo a IN, os órgãos e entidades do Poder Executivo Federal deverão adotar medidas para a sistematização de práticas relacionadas à gestão de riscos, aos controles internos e à governança. Foi a primeira norma que trouxe obrigações objetivas para a Administração Pública Federal em relação a esses temas.

O primeiro ponto relevante da norma é a definição de alguns conceitos que por vezes se confundem para a maior parte das pessoas. Nesse ponto, destaco a diferenciação entre controles internos da gestão, de responsabilidade de todos os agentes públicos de uma organização, e sistema de controle interno do Poder Executivo Federal, que tem a Secretaria Federal de Controle Interno da CGU como seu órgão central.

QUADRO 1 – Controles internos da gestão e sistema de controle interno do Poder Executivo Federal

Controles internos da gestão	Conjunto de regras, procedimentos, diretrizes, protocolos, rotinas de sistemas informatizados, conferências e trâmites de documentos e informações, entre outros, operacionalizados de forma integrada pela direção e pelo corpo de servidores das organizações, destinados a enfrentar os riscos e fornecer segurança razoável de que, na consecução da missão da entidade, os seguintes objetivos gerais serão alcançados: execução ordenada, ética, econômica, eficiente e eficaz das operações; cumprimento das obrigações de accountability; cumprimento das leis e regulamentos aplicáveis; e salvaguarda dos recursos para evitar perdas, mau uso e danos.
Sistema de controle interno do Poder Executivo Federal	Compreende as atividades de avaliação do cumprimento das metas previstas no plano plurianual, da execução dos programas de governo e dos orçamentos da União e de avaliação da gestão dos administradores públicos federais, utilizando como instrumentos a auditoria e a fiscalização, e tendo como órgão central a Secretaria Federal de Controle Interno da CGU. Não se confunde com os controles internos da gestão, de responsabilidade de cada órgão e entidade do Poder Executivo Federal.

Fonte: Autor

Nesse sentido, órgãos e entidades do Poder Executivo Federal devem implementar, manter, monitorar e revisar os controles internos da gestão, também conhecidos na doutrina como controles internos primários ou administrativos, tendo por base a identificação, a avaliação e o gerenciamento de riscos que possam impactar a consecução dos objetivos estabelecidos pelo Poder Público.

Controles internos da gestão
Como vimos no capítulo anterior, os controles internos da gestão se constituem na primeira linha de defesa das organizações públicas para propiciar o alcance de seus objetivos, devendo ser operados por todos os agentes públicos responsáveis pela condução de atividades e tarefas, sejam essas no âmbito dos macroprocessos finalísticos ou de apoio.

A norma elenca quinze princípios que devem ser obedecidos na implementação dos controles internos da gestão, quais sejam (BRASIL, 2016a):

I – aderência à integridade e a valores éticos;

II – competência da alta administração em exercer a supervisão do desenvolvimento e do desempenho dos controles internos da gestão;

III – coerência e harmonização da estrutura de competências e reponsabilidades dos diversos níveis de gestão do órgão ou entidade;

IV – compromisso da alta administração em atrair, desenvolver e reter pessoas com competências técnicas, em alinhamento com os objetivos da organização;

V – clara definição dos responsáveis pelos diversos controles internos da gestão no âmbito da organização;

VI – clara definição de objetivos que possibilitem o eficaz gerenciamento de riscos;

VII – mapeamento das vulnerabilidades que impactam os objetivos, de forma que sejam adequadamente identificados os riscos a serem geridos;

VIII – identificação e avaliação das mudanças internas e externas ao órgão ou entidade que possam afetar significativamente os controles internos da gestão;

IX – desenvolvimento e implementação de atividades de controle que contribuam para a obtenção de níveis aceitáveis de riscos;

X – adequado suporte de tecnologia da informação para apoiar a implementação dos controles internos da gestão;

XI – definição de políticas e normas que suportem as atividades de controles internos da gestão;

XII – utilização de informações relevantes e de qualidade para apoiar o funcionamento dos controles internos da gestão;

XIII – disseminação de informações necessárias ao fortalecimento da cultura e da valorização dos controles internos da gestão;

XIV– realização de avaliações periódicas para verificar a eficácia do funcionamento dos controles internos da gestão; e

XV – comunicação do resultado da avaliação dos controles internos da gestão aos responsáveis pela adoção de ações corretivas, incluindo a alta administração.

Ainda em relação a tais controles internos, cabe destacar seus objetivos, em total sintonia com aqueles vistos na estrutura do Coso. São eles:

I – dar suporte à missão, à continuidade e à sustentabilidade institucional, pela garantia razoável de atingimento dos objetivos estratégicos do órgão ou entidade;

II – proporcionar a eficiência, a eficácia e a efetividade operacional, mediante execução ordenada, ética e econômica das operações;

III – assegurar que as informações produzidas sejam íntegras e confiáveis à tomada de decisões, ao cumprimento de obrigações de transparência e à prestação de contas;

IV – assegurar a conformidade com as leis e regulamentos aplicáveis, incluindo normas, políticas, programas, planos e procedimentos de governo e da própria organização; e

V – salvaguardar e proteger bens, ativos e recursos públicos contra desperdício, perda, mau uso, dano, utilização não autorizada ou apropriação indevida.

Gestão de riscos

A segunda parte da citada IN aborda a gestão de riscos, determinando que órgãos e entidades do Poder Executivo Federal implementem, mantenham, monitorem e revisem o processo de gestão de riscos, compatível com sua missão e seus objetivos estratégicos.

Órgãos e entidades, quando da implementação do processo de gestão de riscos, devem fazê-lo de forma sistemática, estruturada e oportuna, subordinada ao interesse público, estabelecendo níveis de exposição a riscos adequados.

Ainda nesse contexto, devem ser estabelecidos procedimentos de controle interno proporcionais ao risco, sempre observando a relação custo-benefício, e destinados a agregar valor à organização.

Além disso, o mapeamento de riscos deve ser utilizado para apoio à tomada de decisão e à elaboração do planejamento estratégico, bem como a gestão de riscos deve apoiar a melhoria contínua dos processos organizacionais.

Cabe destacar também que a implementação da gestão de riscos na organização deve assegurar que os responsáveis pela tomada de decisão, seja em qual nível for, devem ter acesso tempestivo a informações suficientes quanto aos riscos aos quais está exposta a organização, inclusive para determinar questões relativas à delegação, quando aplicável.

Por fim, a gestão de riscos deve aumentar a probabilidade de alcance dos objetivos da organização, reduzindo os riscos a níveis aceitáveis, bem como agregar valor por meio da melhoria dos processos de tomada de decisão e do tratamento adequado dos riscos e dos impactos negativos decorrentes de sua materialização.

Política de gestão de riscos

Outra inovação da IN foi determinar que os órgãos e entidades do Poder Executivo Federal implementem uma política de gestão de riscos em até doze meses a contar da publicação desta instrução normativa, especificando, pelo menos, princípios e objetivos organizacionais, diretrizes relacionadas à execução do processo de gestão de riscos e competências e responsabilidades para sua efetivação no âmbito do órgão ou entidade.

Governança

Na parte final da norma é abordado de maneira mais superficial o tema governança. Nesse ponto, destaco os princípios da boa governança que devem ser seguidos pelos órgãos e entidades do Poder Executivo Federal, quais sejam: liderança, integridade, responsabilidade, compromisso, transparência e *accountability*.

Também merece menção a necessidade de criação, nos órgãos e entidades do Poder Executivo Federal, de um comitê de governança, riscos e controles, composto pelo dirigente máximo e pelos dirigentes das unidades a ele diretamente subordinadas, devendo ser apoiado, quando couber, pelo assessor especial de controle interno de cada pasta.

Nas disposições finais da IN temos as atribuições da Controladoria-Geral da União – CGU em relação ao processo, cabendo-lhe, enquanto terceira linha de defesa, avaliar: a) a política de gestão de riscos dos órgãos e entidades do Poder Executivo Federal; b) se os procedimentos de gestão de riscos estão de acordo com a política de gestão de riscos;

e c) a eficácia dos controles internos da gestão implementados pelos órgãos e entidades para mitigar os riscos, bem como outras respostas aos riscos avaliados.

4.2 Decreto Federal nº 9.203/2017

A Instrução Normativa que vimos no item anterior cumpriu um importante papel de ser a primeira norma a exigir a implementação da gestão de riscos por parte da administração direta, autárquica e fundacional do governo federal. Ela fez com que órgãos e entidades começassem a "se mexer" em relação ao tema. Entretanto, em 2017, inspirado na IN e provocado pelo Tribunal de Contas da União – TCU, o Poder Executivo trabalhou, ao longo daquele ano, na elaboração de um decreto, publicado em 22.11.17, e em um projeto de lei (PL nº 9.163/2017, ainda não aprovado), proporcionando que os temas começassem a escalar a pirâmide de Kelsen. O Decreto traz, em sua redação atual, uma vez que foi alterado pelo Decreto nº 9.901/2019, logo no seu início, alguns conceitos fundamentais para o entendimento do restante do texto, quais sejam:

- Governança pública: conjunto de *mecanismos de liderança, estratégia e controle* postos em prática para avaliar, direcionar e monitorar a gestão, com vistas à condução de políticas públicas e à prestação de serviços de interesse da sociedade.
- Valor público: *produtos e resultados gerados, preservados ou entregues pelas atividades de uma organização* que representem respostas efetivas e úteis às necessidades ou às demandas de interesse público e modifiquem aspectos do conjunto da sociedade ou de alguns grupos específicos reconhecidos como destinatários legítimos de bens e serviços públicos.
- Alta administração: Ministros de Estado, ocupantes de cargos de natureza especial, ocupantes de cargo de nível 6 do Grupo-Direção e Assessoramento Superiores – DAS e presidentes e diretores de autarquias, inclusive as especiais, e de fundações públicas ou autoridades de hierarquia equivalente.
- Gestão de riscos: *Processo de natureza permanente, estabelecido, direcionado e monitorado pela alta administração,* que contempla as atividades de identificar, avaliar e gerenciar potenciais eventos que possam afetar a organização, *destinado a fornecer segurança razoável quanto* à *realização de seus objetivos.*

O decreto considera como *princípios* da governança pública:

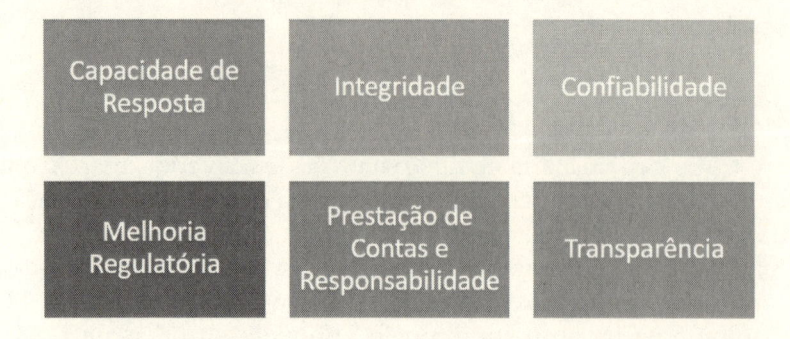

Capacidade de Resposta	Integridade	Confiabilidade
Melhoria Regulatória	Prestação de Contas e Responsabilidade	Transparência

Em termos de diretrizes, o decreto elenca as seguintes:
I - direcionar ações para a busca de resultados para a sociedade, encontrando soluções tempestivas e inovadoras para lidar com a limitação de recursos e com as mudanças de prioridades;
II - promover a simplificação administrativa, a modernização da gestão pública e a integração dos serviços públicos, especialmente aqueles prestados por meio eletrônico;
III - monitorar o desempenho e avaliar a concepção, a implementação e os resultados das políticas e das ações prioritárias para assegurar que as diretrizes estratégicas sejam observadas;
IV - articular instituições e coordenar processos para melhorar a integração entre os diferentes níveis e esferas do setor público, com vistas a gerar, preservar e entregar valor público;
V - fazer incorporar padrões elevados de conduta pela alta administração para orientar o comportamento dos agentes públicos, em consonância com as funções e as atribuições de seus órgãos e de suas entidades;
VI - implementar controles internos fundamentados na gestão de risco, que privilegiará ações estratégicas de prevenção antes de processos sancionadores;
VII - avaliar as propostas de criação, expansão ou aperfeiçoamento de políticas públicas e de concessão de incentivos fiscais e aferir, sempre que possível, seus custos e benefícios;

VIII - manter processo decisório orientado pelas evidências, pela conformidade legal, pela qualidade regulatória, pela desburocratização e pelo apoio à participação da sociedade;
IX - editar e revisar atos normativos, pautando-se pelas boas práticas regulatórias e pela legitimidade, estabilidade e coerência do ordenamento jurídico e realizando consultas públicas sempre que conveniente;
X - definir formalmente as funções, as competências e as responsabilidades das estruturas e dos arranjos institucionais; e
XI - promover a comunicação aberta, voluntária e transparente das atividades e dos resultados da organização, de maneira a fortalecer o acesso público à informação.

Utilizando-se do Referencial Básico de Governança do TCU (2014), o decreto explica os três *mecanismos* para o exercício da governança pública dessa forma:

I - Liderança, que compreende o *conjunto de práticas de natureza humana ou comportamental exercida nos principais cargos das organizações*, para assegurar a existência das condições mínimas para o exercício da boa governança, quais sejam: a) integridade; b) competência; c) responsabilidade; e d) motivação;
II - Estratégia, que compreende a *definição de diretrizes, objetivos, planos e ações*, além de critérios de priorização e alinhamento entre organizações e partes interessadas, *para que os serviços e produtos de responsabilidade da organização alcancem o resultado pretendido*; e
III - Controle, que compreende *processos estruturados para mitigar os possíveis riscos com vistas ao alcance dos objetivos institucionais* e para garantir a execução ordenada, ética, econômica, eficiente e eficaz das atividades da organização, com preservação da legalidade e da economicidade no dispêndio de recursos públicos.

Cabe ressaltar que é de responsabilidade da alta administração dos órgãos e das entidades, observados as normas e os procedimentos específicos aplicáveis, implementar e manter mecanismos, instâncias e práticas de governança em consonância com os princípios e as diretrizes estabelecidas no decreto.

Outro ponto de destaque do decreto é a instituição do *Comitê Interministerial de Governança – CIG*, com a finalidade de assessorar o Presidente da República na condução da política de governança da Administração Pública federal, composto pelos seguintes membros titulares:

I - Ministro de Estado Chefe da *Casa Civil* da Presidência da República, que o coordenará;
II - Ministro de Estado da *Economia*;
III - Ministro de Estado da *Controladoria-Geral da União*.

Ao CIG compete:

I - Propor medidas, mecanismos e práticas organizacionais para o atendimento aos princípios e às diretrizes de governança pública estabelecidos no decreto.
II - Aprovar manuais e guias com medidas, mecanismos e práticas organizacionais que contribuam para a implementação dos princípios e das diretrizes de governança pública estabelecidos no decreto.
III - Aprovar recomendações aos colegiados temáticos para garantir a coerência e a coordenação dos programas e das políticas de governança específicos.
IV - Incentivar e monitorar a aplicação das melhores práticas de governança no âmbito da Administração Pública federal direta, autárquica e fundacional.
V - Expedir resoluções necessárias ao exercício de suas competências.

Um ponto importante da norma foi determinar que os *órgãos e as entidades da Administração Pública federal direta, autárquica e fundacional deverão instituir comitê interno de governança*, com o objetivo de garantir que as boas práticas de governança se desenvolvam e sejam apropriadas pela instituição de forma contínua e progressiva.

Em relação a essa obra, o ponto mais relevante do decreto é a obrigação dada à alta administração das organizações da Administração Pública federal direta, autárquica e fundacional em *estabelecer, manter, monitorar e aprimorar sistema de gestão de riscos e controles internos* com vistas à identificação, à avaliação, ao tratamento, ao monitoramento e à análise crítica de riscos que possam impactar a implementação da estratégia e a consecução dos objetivos da organização no cumprimento da sua missão institucional. Para isso, deverá observar os seguintes princípios:

I - Implementação e aplicação de forma sistemática, estruturada, oportuna e documentada, subordinada ao interesse público.

II - Integração da gestão de riscos ao processo de planejamento estratégico e aos seus desdobramentos, às atividades, aos processos de trabalho e aos projetos em todos os níveis da organização, relevantes para a execução da estratégia e o alcance dos objetivos institucionais.

III - Estabelecimento de controles internos proporcionais aos riscos, de maneira a considerar suas causas, fontes, consequências e impactos, observada a relação custo-benefício.

IV - Utilização dos resultados da gestão de riscos para apoio à melhoria contínua do desempenho e dos processos de gerenciamento de risco, controle e governança.

4.3 Gestão de riscos no setor público

No Poder Executivo Federal, o processo de gestão de riscos iniciou-se em 2002 por iniciativa do Ministério da Previdência Social – MPS.

Já no Ministério da Fazenda, também em 2002, a Secretaria do Tesouro Nacional – STN iniciou as atividades de risco operacional e, em 2006, foi criada área independente para tratar do tema, em cumprimento a uma recomendação do Tribunal de Contas da União – TCU. Em 2007, com a criação da Secretaria da Receita Federal – RFB, a competência da gestão de riscos foi atribuída em seu regimento interno. E, finalmente, em 2013, a criação da Frente Gestão de Riscos, vinculada ao Programa de Modernização Integrada do Ministério da Fazenda – PMIMF.

O Banco Central do Brasil – BCB é outro importante ator nesse processo de gestão de riscos, tendo iniciado suas ações nessa área com o processo de investimento das reservas internacionais, ainda na década de 90, sendo hoje uma referência não apenas na avaliação dos riscos financeiros, mas também dos não financeiros.

Outra iniciativa interessante vem acontecendo no Governo do Distrito Federal, no qual a Controladoria-Geral do Distrito Federal – CGDF tem atuado como consultora do processo de implementação da gestão de riscos nas secretarias e empresas públicas desse ente federativo.

No Ministério do Planejamento, Desenvolvimento e Gestão, a primeira iniciativa documentada foi em 2013, com a elaboração do *Guia de orientação para o gerenciamento de riscos*, do Programa GesPública (BRASIL, 2013b). Mais recentemente, em 2016, a partir da criação do programa de integridade daquele Ministério (Portaria nº 150/2016), foi construída uma metodologia própria e aprovada a Política de gestão de riscos daquela pasta.

Por fim, considerando que tive a oportunidade de fazer parte da implementação da gestão de riscos na Controladoria-Geral do Estado de Minas Gerais, achei por bem trazer para vocês tudo o que conseguimos avançar sobre a temática nesses últimos dois anos (2019-2020) naquela organização.

Antes de detalhar um pouco mais as iniciativas de alguns dos precursores da temática no setor público, é importante dizer que, a partir das duas legislações vistas anteriormente, houve um grande aumento no número de órgãos e entidades na esfera federal que possuem uma política de gestão de riscos, embora o grau de maturidade acerca do tema, em sua grande maioria, ainda seja inicial ou intermediário.

4.3.1 Ministério da Previdência Social

A primeira iniciativa do extinto Ministério da Previdência Social – MPS se deu a partir do *Modelo conceitual de gerenciamento de riscos*, elaborado em 2004, desenvolvido no âmbito do *Projeto de pesquisa e desenvolvimento de um sistema integrado, utilizando gestão do conhecimento com inteligência artificial, para implantação da metodologia de gerenciamento de riscos da Previdência Social* (MPS, 2004).

Naquela oportunidade, definiu-se que o modelo conceitual daria maior ênfase na inclusão de práticas de gerenciamento de riscos à cultura e aos processos da Previdência Social e o gerenciamento de riscos teria como foco de investigação primária os processos que se constituem como ponto de partida para a pesquisa. Além disso, estabeleceu-se que o modelo conceitual adotaria como referência principal a norma AS/NZS nº 4.360/2004 (MPS, 2004).

Em 2013, por meio da Portaria MPS nº 302, foi constituído grupo de trabalho para implementação da ação estratégica *Projeto de elaboração de metodologia de gerenciamento de riscos da Previdência Social*, no âmbito daquele Ministério.

Conforme se extrai do *Plano de projeto: elaborar metodologia de gerenciamento de riscos na Previdência Social* (MPS, 2013), a necessidade de uma política de gestão de riscos no MPS, bem como da definição de metodologias de gestão de riscos, era justificada pela complexidade do ambiente organizacional sobre a qual a gestão estratégica se depara atualmente, em que a cada dia estão mais difusos os óbices e as ameaças à consecução dos objetivos institucionais. Nesse contexto, tornou-se crucial a identificação e avaliação sistêmica dos riscos nos diversos processos de negócio do Ministério, calcados numa política bem definida e em metodologias apropriadas à gestão pública.

O projeto priorizou inicialmente um modelo de gestão de riscos baseado na arquitetura de processos de negócio com ênfase no macroprocesso *gestão estratégica* e do processo *gerenciar contratações*, no que tange à análise de riscos de contratações, constante no processo de trabalho *planejar contratações*. Foram levadas em consideração as melhores práticas de integração da gestão de riscos com a gestão de processos de negócio, por meio do gerenciamento de desempenho de processos, o gerenciamento corporativo de processos e a cultura organizacional, com vistas a uma abordagem sistêmica.

Em dezembro de 2014, por meio da Portaria MPS nº 534, foram estabelecidos princípios e diretrizes para gestão de riscos no âmbito do MPS e de suas entidades vinculadas.

Entre os objetivos da gestão de riscos previstos na portaria e que devem ser perseguidos pela organização estão:

I - aumentar a probabilidade de atingir os objetivos e metas organizacionais;
II - fomentar uma gestão proativa;
III - estar atento para a necessidade de identificar e tratar os riscos através de toda a organização;
IV - melhorar a identificação de oportunidades e ameaças;
V - atender às normas e requisitos legais e regulamentares pertinentes;
VI - melhorar o reporte das informações institucionais;
VII - melhorar a governança;
VIII - fortalecer a confiança das partes interessadas;
IX - estabelecer uma base confiável para a tomada de decisão e balizar o planejamento;
X - alocar e utilizar eficazmente os recursos para o tratamento de riscos;
XI - melhorar a eficácia e a eficiência tática e operacional;
XII - melhorar o desempenho em saúde e segurança, bem como a proteção do meio ambiente;
XIII - melhorar a prevenção de perdas e a gestão de incidentes;

XIV - melhorar a aprendizagem organizacional;
XV - aumentar a resiliência da organização; e
XVI - subsidiar a continuidade de negócio.

Por fim, em julho de 2015, por meio da Portaria MPS nº 8, foi aprovado o *Manual de gestão da inovação e de desenvolvimento institucional (MGII). Módulo V – Gerenciar riscos*, no âmbito do MPS e de suas entidades vinculadas (MPS, 2015). Esse manual, que serve de instrumento de pronta consulta, com a finalidade de disciplinar os procedimentos, de modo a alcançar maior celeridade e eficácia na execução dos processos organizacionais, definiu a cadeia de valor do processo *gerenciar riscos*, dentro do macroprocesso *gestão da inovação e do desenvolvimento institucional*, já que o processo *gerenciar risco* deve ter ênfase no desenvolvimento e desempenho organizacional, representado da forma apresentada a seguir.

FIGURA 18 – Cadeia de valor agregado do processo – Gerenciar riscos

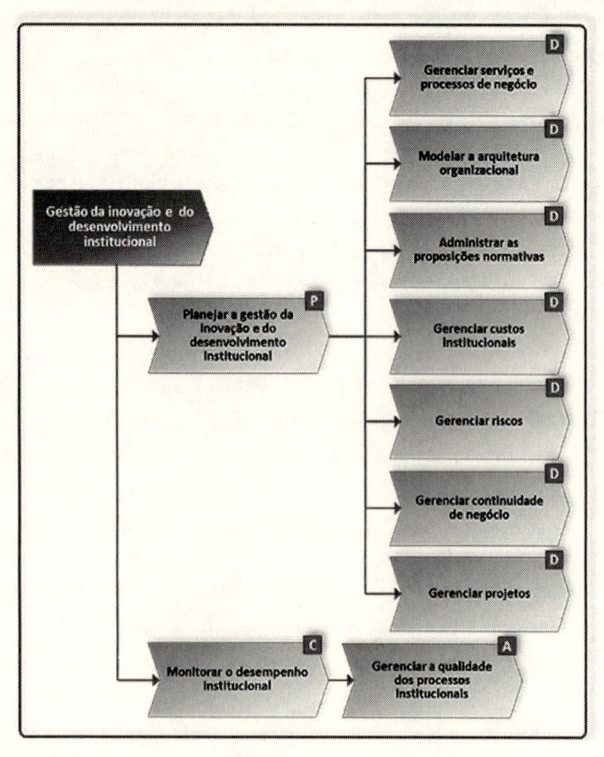

Fonte: MPS (2015)

O processo *gerenciar riscos* foi definido como a aplicação sistemática de políticas, metodologias, melhores práticas de infraestrutura e do gerenciamento para as atividades de comunicação, consulta, estabelecimento do contexto, e na identificação, análise, avaliação, tratamento, monitoramento e análise crítica dos riscos. Deve ser aplicado a toda a organização, em suas várias áreas e níveis, a qualquer momento, bem como às funções, atividades, ativos, fatores externos e projetos específicos, tendo a finalidade de promover o desempenho institucional, por ser considerado essencial para a realização dos objetivos estratégicos e alcance dos resultados institucionais (MPS, 2015).

FIGURA 19 – Processo – Gerenciar riscos

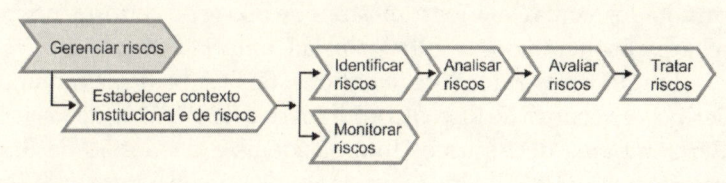

Fonte: MPS (2015)

4.3.2 Banco Central do Brasil

O Banco Central do Brasil – BCB é considerado referência em controle e gestão de riscos para a Administração Pública brasileira, na avaliação do Tribunal de Contas da União – TCU. Em 2016, a Egrégia Corte de Contas concedeu ao BCB o Prêmio *Mérito Brasil de Governança e Gestão Públicas*, em função de a instituição ter executado um programa eficiente de gestão de riscos e de gestão da continuidade de atividades críticas, medidas de difícil implementação e que exigem comprometimento e construção de cultura organizacional favorável (BCB, 2017b).

Deve-se ressaltar que a experiência de formalização e implantação de política, estrutura, processos e sistemas para a gestão de riscos na instituição foi se consolidando a partir de ações iniciadas no processo de investimento das reservas internacionais, ainda na década de 90. Com o tempo, a experiência foi se expandindo na instituição, em seus diversos processos de trabalho e unidades organizacionais. A expansão da gestão de riscos nas diversas unidades organizacionais foi feita considerando uma tipologia definida como riscos financeiros e riscos não financeiros.

Em junho de 2000, a Diretoria Colegiada do BCB definiu uma estrutura de gerenciamento de risco e de alocação estratégica de ativos com base nas melhores práticas internacionais. Essa modelagem foi objeto de auditoria do Fundo Monetário Internacional – FMI em 2002, o qual comprovou a qualidade do trabalho realizado.

Em 2006, com a criação da Gerência-Executiva de Risco Integrado da Área de Política Monetária – Gepom, ampliou-se a independência, a transparência e a governança no processo de gestão das reservas internacionais. A criação dessa gerência, vinculada à área de Política Monetária do BCB, revela que o primeiro movimento de criação de uma unidade organizacional de gestão de riscos foi feito dentro de uma área específica do Banco, com escopo restrito à gestão de riscos financeiros na área de execução de política monetária e administração das reservas internacionais. A Gepom era responsável também por definir e desenvolver os modelos de risco e as metodologias de avaliação de resultados, com relatórios trimestrais de risco e de performance para o acompanhamento dos resultados pela Diretoria Colegiada.

Em 2011, a estrutura organizacional do BCB passou a contar com a Gerência-Executiva de Riscos Corporativos e Referências Operacionais – Geris, na área de Assuntos Internacionais e de Gestão de Riscos Corporativos – Direx. Além da mudança de nomenclatura, isso significou também maior independência da área financeira e ampliação do escopo daquela unidade, agora envolvendo os riscos não financeiros e a continuidade de negócios da instituição. A própria diretoria da área de assuntos internacionais teve seu escopo ampliado, incluindo também a gestão de riscos.

Em 2013, a Geris passou a ser denominada Departamento de Riscos Corporativos e Referências Operacionais – Deris, ainda subordinada à Direx. O Deris passou a implantar a política integrada de gestão de riscos em toda a organização. A gestão integrada de risco do BCB considera diversas dimensões, como financeira, estratégica, reputacional, legal e operacional, e o gerenciamento da continuidade de negócios da instituição. Essa gestão integrada e mais eficiente do risco tem proporcionado, segundo o Banco, um processo de melhoria contínua das atividades do BCB e a melhor alocação dos recursos humanos e financeiros. Além disso, permite maior transparência na escolha da preferência de risco adequada aos objetivos estratégicos do Banco Central do Brasil.

No que se refere à continuidade de negócios, cujo objetivo é evitar a interrupção dos processos críticos, o BCB definiu padrões, elaborou formulários e relatórios, desenhou processos e realizou análises para adoção de melhores práticas relacionadas ao tema.

Com a adoção de um modelo integrado e estruturado de gestão de riscos em todos os processos organizacionais, com gestão de riscos financeiros, gestão de riscos não financeiros e gestão da continuidade de negócios, podemos dizer que o BCB se alinhou às melhores práticas internacionais, consolidando a sua posição de excelência sobre o tema.

Deixando um pouco para trás o processo evolutivo da gestão de riscos naquela instituição e focando na metodologia, a gestão de riscos corporativos do BCB é orientada aos seus processos de trabalho ou cadeia de valor.

A gestão de riscos não envolve apenas os riscos financeiros. A identificação e mensuração de riscos não financeiros são realizadas por meio de autoavaliações pelos gestores dos processos de trabalho nas diversas áreas da instituição com o apoio do Deris. Embora o mapeamento dos riscos ainda esteja em andamento, sua execução tem sido sistematicamente aperfeiçoada, com a implantação de um sistema para registro dos eventos de risco. Além disso, a criação de indicadores de risco de forma automatizada contribui para acompanhar a evolução dinâmica dos riscos identificados. A figura a seguir apresenta de forma esquemática a metodologia empregada para a gestão dos riscos operacionais no BCB.

FIGURA 20 – Diagrama esquemático da metodologia de gestão de riscos operacionais do BCB

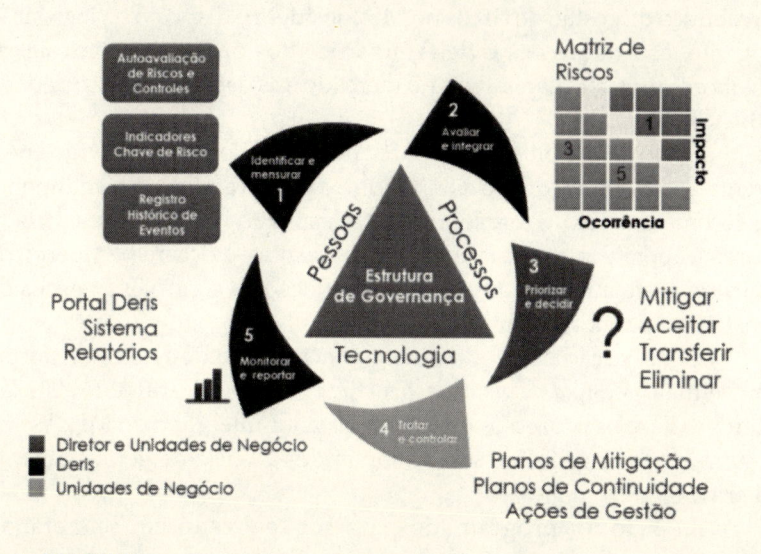

Fonte: BCB (2017b)

Segundo a Chefe do Deris, Isabela Ribeiro Damaso Maia (BCB, 2017b), a implantação da Política de Gestão Integrada de Riscos do Banco Central do Brasil – PGR-Bacen, que inclui riscos estratégicos, operacionais, financeiros, entre outros, permite identificar e avaliar de forma sistemática e uniforme os riscos aos quais o BCB está exposto. Esses riscos são utilizados com insumo no processo decisório e alocação de recursos, além de auxiliarem o desenvolvimento de planos de mitigação de riscos. A PGR-Bacen representa uma nova abordagem metodológica que aperfeiçoa o mapeamento de riscos e fortalece a governança corporativa, o controle interno e a transparência da autarquia.

4.3.3 Ministério da Fazenda

O Projeto de Gestão de Riscos do Ministério da Fazenda – MF faz parte de uma das sete frentes de atuação do *Programa de Modernização Integrada – PMIMF* daquele Ministério, que consiste em um conjunto de ações voltadas à construção de soluções coletivas e desafios gerenciais comuns a diversos órgãos da estrutura do MF.

A frente denominada Gestão de Riscos foi criada em agosto de 2013, com o objetivo principal de modernizar a gestão dos negócios fazendários, por meio do desenvolvimento e sistematização da prática de gestão de riscos no contexto dos órgãos alcançados pelo PMIMF. O arcabouço da gestão de riscos no MF considera o disposto na legislação vigente, as orientações e determinações dos órgãos de controle, as melhores práticas disponíveis no mercado e as demandas da sociedade (BRASIL, 2017a).

Segundo o Ministério, a partir dos trabalhos desenvolvidos pela frente, espera-se a redução do nível de exposição a riscos; o atendimento às recomendações dos órgãos de controle quanto à gestão de riscos, bem como a aderência a normativos legais vigentes; o desenvolvimento de iniciativas de integridade e a implementação de controles internos da gestão proporcionais aos riscos avaliados.

A aplicação do modelo de gerenciamento de riscos, conforme preceitua o *Manual de gerenciamento de riscos do MF* (BRASIL, 2017a), tem por base os processos da cadeia de valor integrada do MF. Assim, os processos priorizados serão submetidos ao ciclo de gerenciamento de riscos.

O ciclo foi programado para ser realizado em seis etapas, conforme demonstra figura a seguir.

FIGURA 21 – Ciclo de gerenciamento de riscos do MF

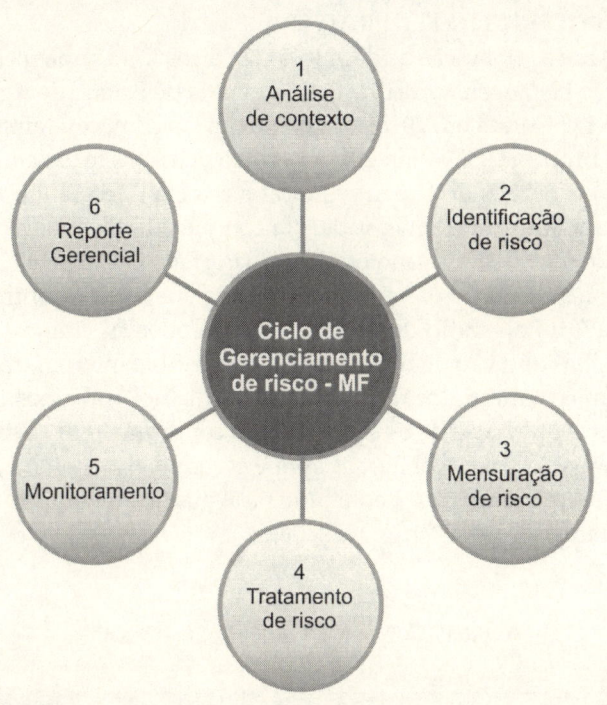

Ciclo de Gerenciamento de risco - MF
1. Análise de contexto
2. Identificação de risco
3. Mensuração de risco
4. Tratamento de risco
5. Monitoramento
6. Reporte Gerencial

Fonte: Brasil (2017a)

4.3.4 Governo do Distrito Federal – GDF

O Projeto de gestão de riscos do GDF, liderado pela Controladoria-Geral do Distrito Federal – CGDF, surgiu em junho de 2015, a partir da necessidade de aperfeiçoamento dos mecanismos de gestão do Governo do Distrito Federal, reforçando os controles primários e secundários dos órgãos auditados. Em agosto do mesmo ano, o Decreto nº 6.705/2015 alterou a estrutura da Controladoria-Geral criando a Coordenação de Auditoria de Monitoramento e Gestão de Riscos.

Por meio do Decreto nº 37.302/2016, foi determinado que os órgãos e entidades da Administração Pública do Distrito Federal deveriam adotar medidas para a utilização de boas práticas gerenciais em suas atividades de gestão de riscos e controle interno, sendo que tais práticas englobam as estruturas de conhecimentos, habilidades, ferramentas e técnicas reconhecidas como as melhores, em termos de gestão pública ou privada, utilizadas para aumentar a eficiência da administração e diminuir o impacto dos riscos correlacionados a esta atividade (DISTRITO FEDERAL, 2016).

Após a publicação do decreto, a CGDF iniciou a implementação na Fundação Hemocentro de Brasília, Secretaria de Estado de Agricultura e Metrô-DF. Ainda em 2016, a implementação começou também a ser feita na própria CGDF. Em 2017, a gestão de riscos foi estendida para outros seis órgãos do Executivo local e a meta é implantar o projeto em 24 unidades consideradas de alta complexidade do GDF até 2019.

No que se refere à metodologia, a Portaria CGDF nº 47/2017, que disciplina a execução das ações de controle por aquela Controladoria-Geral na Administração Direta e Indireta do Poder Executivo do Distrito Federal, na condição de órgão central de controle interno, traz em seu anexo único a matriz de riscos a ser utilizada nos trabalhos do órgão. Ela prevê a utilização de uma matriz 4x4, conforme figura a seguir, em que a avaliação da probabilidade apresenta os níveis *quase certo*, *provável*, *pouco provável* e *improvável*, enquanto na avaliação de impacto temos os níveis *fraco*, *moderado*, *forte* e *muito forte*.

FIGURA 22 – Matriz de riscos – CGDF

NÍVEL DE RISCO		IMPACTO			
RISCO BAIXO		FRACO	MODERADO	FORTE	MUITO FORTE
RISCO MÉDIO					
RISCO ALTO		2,5	5	7,5	10
RISCO EXTREMO					
PROBABILIDADE	QUASE CERTO	10	25	50	75	100
	PROVÁVEL	7,5	18,75	37,5	56,25	75
	POUCO PROVÁVEL	5	12,5	25	37,5	50
	IMPROVÁVEL	2,5	6,25	12,5	18,75	25

Fonte: CGDF, 2017.

O projeto objetiva reduzir as incertezas dos gestores na tomada de decisão, aumentar a credibilidade das unidades orgânicas do Governo do Distrito Federal, integrar a gestão de riscos como elemento-chave da responsabilidade gerencial, de modo a promover a integridade e prevenir a improbidade, os desvios e a corrupção e outros pontos que vão contribuir para a melhoria da Administração Pública.

4.3.5 Ministério do Planejamento, Desenvolvimento e Gestão – MP

Embora o Ministério em questão tenha sido fundido ao Ministério da Fazenda no início de 2019, tendo sido transformado no Ministério da Economia, entendo que faz sentido abordar sua experiência em gestão de riscos nessa obra, por ele ter sido um dos precursores e referência para os demais Ministérios durante muito tempo.

A primeira iniciativa documentada no MP remonta a 2013, com a elaboração do *Guia de orientação para gerenciamento de riscos*, que tinha como objetivos principais apoiar o modelo de excelência do sistema de gestão pública no que tange ao tema de gerenciamento de riscos e prover uma introdução ao tema gerenciamento de riscos (BRASIL, 2013b).

Esse guia foi baseado no documento *The Orange Book: Management of risk – Principles and concepts* (*Gerenciamento de riscos – Princípios e conceitos*) produzido e publicado pelo HM Treasury do Governo Britânico (UK, 2004), sobre o qual tivemos a oportunidade de conhecer um pouco em capítulo anterior. Seus conceitos e princípios foram extraídos diretamente do *Orange Book*, a partir de trabalho desenvolvido pela antiga Secretaria de Gestão Pública – Segep, atual Seges, do MP em cooperação com o Ministério das Relações Exteriores do Reino Unido.

Mais recentemente, em maio de 2016, por meio da Portaria MP nº 150, o MP instituiu o seu programa de integridade, que tem como finalidade mitigar ocorrências de corrupção e desvios éticos a partir da mobilização e participação ativa dos gestores públicos. Um dos quatro pilares desse programa é justamente a gestão de Riscos, o que deu início à construção de um projeto efetivo e consistente sobre o tema no Ministério.

A partir de um questionário que avaliou a maturidade em gestão de riscos do Ministério, aplicado em maio de 2016, o MP elaborou a Estrutura Analítica do Projeto – EAP, exposta de forma simplificada a seguir.

FIGURA 23 – EAP de riscos do MP

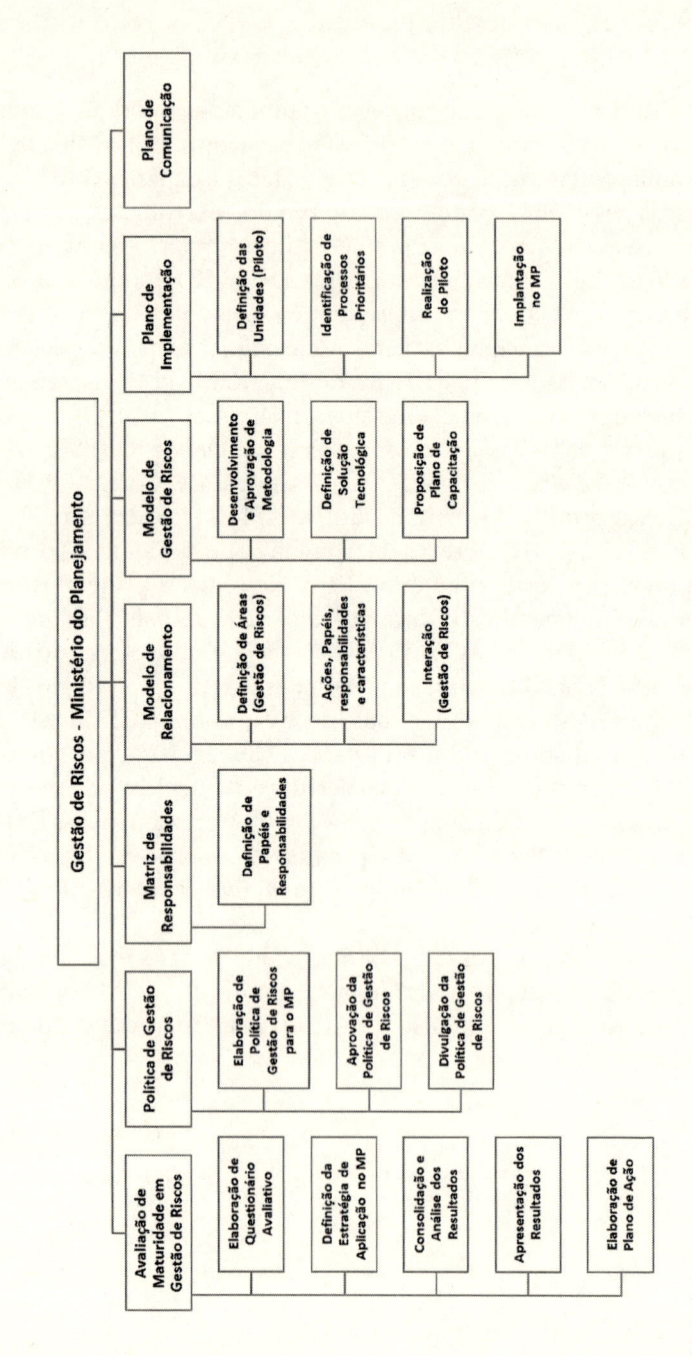

Gestão de Riscos - Ministério do Planejamento

- **Avaliação de Maturidade em Gestão de Riscos**
  - Elaboração de Questionário Avaliativo
  - Definição da Estratégia de Aplicação no MP
  - Consolidação e Análise dos Resultados
  - Apresentação dos Resultados
  - Elaboração de Plano de Ação

- **Política de Gestão de Riscos**
  - Elaboração de Política de Gestão de Riscos para o MP
  - Aprovação da Política de Gestão de Riscos
  - Divulgação da Política de Gestão de Riscos

- **Matriz de Responsabilidades**
  - Definição de Papéis e Responsabilidades

- **Modelo de Relacionamento**
  - Definição de Áreas (Gestão de Riscos)
  - Ações, Papéis, responsabilidades e características
  - Interação (Gestão de Riscos)

- **Modelo de Gestão de Riscos**
  - Desenvolvimento e Aprovação de Metodologia
  - Definição de Solução Tecnológica
  - Proposição de Plano de Capacitação

- **Plano de Implementação**
  - Definição das Unidades (Piloto)
  - Identificação de Processos Prioritários
  - Realização do Piloto
  - Implantação no MP

- **Plano de Comunicação**

Fonte: Autor

Em junho de 2016, com o apoio da Controladoria-Geral da União – CGU e da Escola Nacional de Administração Pública – Enap, foram capacitados 36 gestores de diversas áreas do MP, em gestão de riscos, controles internos e integridade.

Logo depois foi constituído um comitê técnico com a responsabilidade de construir a política e a metodologia de gestão de riscos, com participantes de todas as secretarias finalísticas do Ministério do Planejamento, indicados pelos secretários, o que deu legitimidade a tudo o que foi construído sobre o tema.

No final de 2016, por meio da Portaria MP nº 426 (BRASIL, 2016c), o Ministério publicou sua *Política de integridade, riscos e controles internos da gestão*, que definiu como diretrizes para a gestão de riscos:

> I - a gestão de riscos deve ser sistematizada e suportada pelas premissas da metodologia do Committee of Sponsoring Organizations of the Treadway Commission – COSO e de boas práticas;
>
> II - a atuação da gestão de riscos deve ser dinâmica e formalizada por meio de metodologias, normas, manuais e procedimentos;
>
> III – as metodologias e ferramentas implementadas devem possibilitar a obtenção de informações úteis à tomada de decisão para a consecução dos objetivos institucionais e para o gerenciamento e a manutenção dos riscos dentro de padrões definidos pelas instâncias supervisoras;
>
> IV – a medição do desempenho da gestão de riscos deve ser realizada mediante atividades contínuas ou de avaliações independentes ou a combinação de ambas;
>
> V - a capacitação dos agentes públicos que exercem cargo, função ou emprego no Ministério, em gestão de riscos, deve ser desenvolvida de forma continuada, por meio de soluções educacionais, em todos os níveis;
>
> VI – o desenvolvimento e implementação de atividades de controle da gestão considera a avaliação de mudanças, internas e externas, que contribuam para identificação e avaliação de vulnerabilidades que impactam os objetivos institucionais; e
>
> VII – a utilização de procedimentos de controles internos da gestão proporcionais aos riscos e baseada na relação custo-benefício e na agregação de valor à instituição.

O modelo desenvolvido no MP é suportado por quatro dimensões, a saber: política, instâncias de supervisão, metodologia e solução tecnológica.

FIGURA 24 – Modelo de gestão de integridade, riscos e controles internos do MP

[Política de Gestão de Integridade, Riscos e Controles Internos da Gestão / Linhas de Defesa | Instâncias de Supervisão]

[Metodologia | Solução Tecnológica]

Fonte: Autor, adaptado de Brasil (2017c)

A política do MP foi baseada na Instrução Normativa Conjunta MP CGU nº 1/2016, já abordada nesta obra, bem como na Portaria MP nº 150/2016 e em boas práticas.

Já as instâncias de supervisão foram criadas para atribuir responsabilidades em diversos níveis, bem como melhorar a governança. É composta por três níveis: estratégico (comitê estratégico de gestão), tático (subcomitê de integridade, riscos e controles internos e núcleo de integridade, riscos e controles internos) e operacional (unidade de integridade, riscos e controles internos e o próprio gestor de riscos).

A metodologia, ilustrada a seguir, foi baseada na estrutura do Coso GRC, conforme determina a política de riscos do MP. É dividida em cinco etapas, desde a fixação dos objetivos a serem atingidos até o monitoramento dos riscos e também de todo o processo.

FIGURA 25 – Ciclo de gerenciamento de riscos do MP

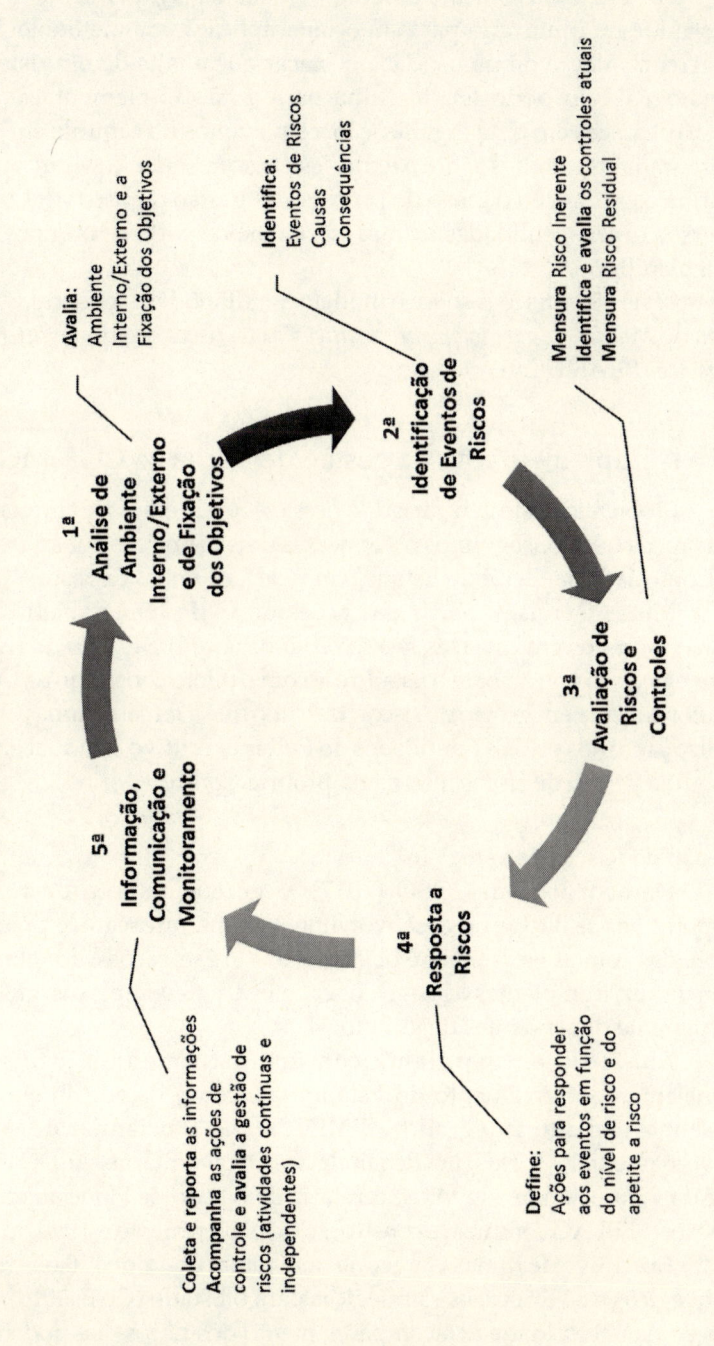

1ª Análise de Ambiente Interno/Externo e de Fixação dos Objetivos
Avalia: Ambiente Interno/Externo e a Fixação dos Objetivos

2ª Identificação de Eventos de Riscos
Identifica: Eventos de Riscos; Causas; Consequências

3ª Avaliação de Riscos e Controles
Mensura Risco Inerente
Identifica e avalia os controles atuais
Mensura Risco Residual

4ª Resposta a Riscos
Define: Ações para responder aos eventos em função do nível de risco e do apetite a risco

5ª Informação, Comunicação e Monitoramento
Coleta e reporta as informações
Acompanha as ações de controle e avalia a gestão de riscos (atividades contínuas e independentes)

Fonte: Brasil (2017c)

Por fim, uma solução tecnológica (Sistema Ágatha) também foi construída no Ministério para suportar a aplicação da metodologia e do gerenciamento de riscos. Cabe destacar que a falta de um sistema tecnológico não pode ser desculpa para a não implementação da gestão de riscos em uma organização, como vimos no capítulo em que abordamos cinco mitos sobre o tema. Isso porque, quando verificamos a forma como se deu o início do processo de gestão de riscos nos mais diversos órgãos, entidades e empresas, a maior parte se originou de uma planilha.

Mais informações sobre o modelo do MP podem ser obtidas por meio do *Manual de gerenciamento de integridade, riscos e controles internos da gestão* (BRASIL, 2017c).

4.3.6 A implementação da gestão de riscos na CGE-MG

O objetivo deste item, inserido nessa segunda edição, é apresentar os avanços que conseguimos obter nesses dois primeiros anos à frente da Controladoria-Geral do Estado, em relação à temática Riscos.

Minas Gerais, a partir das ações da CGE, tem trabalhado a gestão de riscos em diversas faces. Veremos aqui i) a gestão de riscos estratégicos, proposta para o Estado e já com o piloto concluído na CGE, ii) a consultoria em gestão de riscos, trabalho que a terceira linha (CGE) realiza junto aos órgãos e entidades do Poder Executivo estadual e, por fim, iii) a gestão de riscos interna da própria Controladoria.

Gestão de Riscos Estratégicos

De acordo com COSO (2017), o gerenciamento de riscos corporativos se baseia no desenvolvimento e manutenção de práticas alinhadas com as estratégias e objetivos das organizações, adaptadas, por sua vez, a ambientes de negócios cada vez mais complexos, globais e altamente dependentes de tecnologia.

Em 2019, em harmonia com os instrumentos legais de planejamento e orçamento do Estado, tais como Plano Mineiro de Desenvolvimento Integrado – PMDI, Plano Plurianual de Ação Governamental – PPAG, Lei de Diretrizes Orçamentárias – LDO e Lei Orçamentária Anual – LOA, a Secretaria de Estado de Planejamento e Gestão – SEPLAG conduziu a construção do planejamento estratégico do Poder Executivo de Minas Gerais, no qual foram definidos 10 objetivos estratégicos e 84 diretrizes estratégicas para o Estado (CGE, 2019). Em função da necessidade de acompanhamento dos riscos que poderiam prejudicar o alcance desses objetivos traçados, a CGE desenvolveu uma metodologia de gestão de riscos estratégicos, visando identificar eventuais fragilidades existentes na estratégia dos órgãos/entidades, em seus processos de trabalho e em sua estrutura de controles.

O ciclo de gestão de riscos estratégicos não é diferente do que já vimos nos casos apresentados anteriormente, conforme verificamos na figura a seguir. Temos que conhecer o ambiente e os objetivos estratégicos da organização, definir seu apetite a riscos, identificar, avaliar, tratar e comunicar os riscos de forma adequada, sem se esquecer do monitoramento, uma das etapas mais importantes.

FIGURA 26 – Ciclo de Gestão de Riscos Estratégicos da CGE-MG

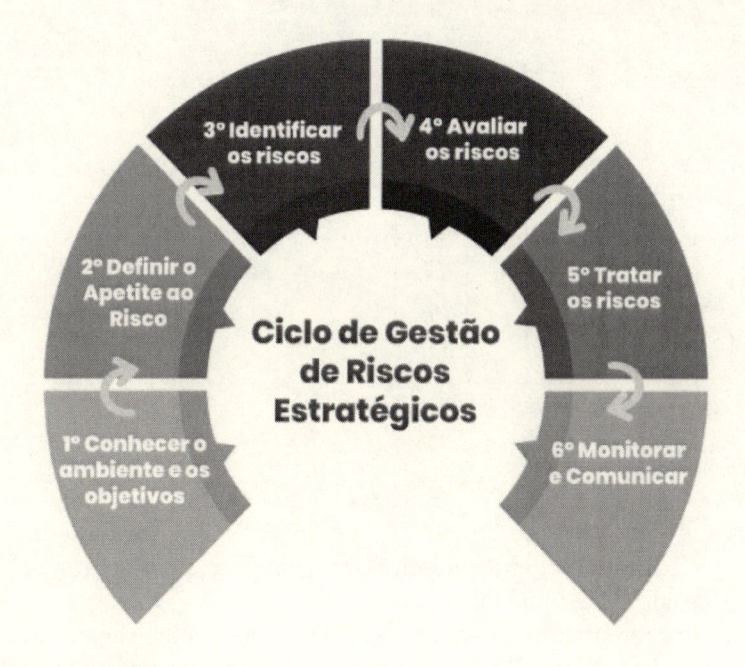

Fonte: CGE (2020a)

Gostaria de destacar aqui apenas a parte dos riscos mapeados e do Plano de Ação, uma vez que, dadas as características dos riscos estratégicos, há algumas peculiaridades na sua elaboração.

FIGURA 27 – Plano de Ação para a Gestão de Riscos Estratégicos
da CGE-MG

Riscos Mapeados												Plano de Ação							
Nº	Diretriz Estratégica	Objetivo Estratégico	Ação Estratégica	Unidade Responsável	Causa	Evento de Risco	Consequência	Controle Existente	Valor do Risco	Classificação do Risco	Indicador Chave de Risco	Periodicidade de Apuração do Indicador Chave de Risco	Tipo de Tratamento a ser Realizado	Justificativa Caso Não Adote Ação para os Riscos Extremos e Altos*	Descrição da Ação	Gestor Responsável	Data de Início da Implantação	Data Final da Implantação	Status[1]	Observações[2]

Fonte: CGE (2020a)

Cada linha da figura anterior corresponde a um risco estratégico identificado. Mas como fazer isso?

Primeiramente, buscamos as diretrizes estratégicas definidas pelo Estado relacionadas ao órgão ou entidade que está mapeando seus riscos estratégicos. No caso da CGE, das 84 diretrizes, cinco são de responsabilidade da Controladoria cumprir. A partir daí, verificamos qual objetivo estratégico (agora do órgão) está relacionado com aquela diretriz. Ato contínuo, quais ações estratégicas estão relacionadas àquele objetivo estratégico. É a partir da ação estratégica que pensamos os riscos de não atingimento dos objetivos. Cada ação estratégica pode gerar um ou mais riscos, para os quais serão identificadas causas, consequências, controles, resposta aos riscos, definição do plano de ação, etc.

Não se preocupem com o detalhamento de cada uma dessas fases, pois o caminho a ser percorrido nesse ciclo de gerenciamento de riscos, citado aqui de forma bem breve, é o que veremos ao longo desta obra.

Consultoria em gestão de riscos

Em 02.04.2020, por meio da Resolução nº 09/2020, a CGE regulamentou a atividade de consultoria a ser exercida por seus auditores. Dois dias depois, com a Resolução nº 10/2020, a Controladoria disciplinou os procedimentos de consultoria sobre riscos em contratações emergenciais, devido à pandemia.

De forma sucinta, a consultoria em gestão de riscos em contratações busca avaliar, com base em roteiro predefinido, os processos sob a perspectiva dos principais riscos e/ou impropriedades, indicando os riscos de alta probabilidade e alto impacto identificados, e as principais medidas a serem adotadas pela Alta Administração para gerenciamento de tais riscos, bem como demais riscos que devem ser considerados e respectivas medidas para gerenciamento.

Nesse sentido, deve-se (CGE, 2020b):
a) identificar os principais riscos que possam comprometer o sucesso do processo de contratação e de gestão contratual, os principais riscos que possam fazer com que a contratação não alcance os resultados que atendam às necessidades da contratação; os principais riscos que possam fazer com que os serviços prestados ou bens entregues não atendam às necessidades da contratante;
b) estimar a probabilidade de ocorrência e dos danos potenciais relacionados a cada risco identificado;
c) sugerir ações para reduzir ou eliminar as chances de ocorrência dos eventos relacionados a cada risco, considerando o custo-benefício do controle;
d) sugerir possíveis ações de contingência que podem ser tomadas caso os eventos correspondentes aos riscos se concretizem.

Gestão de Riscos dentro da CGE-MG

Antes de adentrarmos especificamente na parte de gestão de riscos da Controladoria, é importante ressaltar duas instâncias de governança criadas para dar suporte a essas ações. Irei citar os normativos com o único objetivo de facilitar a busca para aqueles que queiram saber mais sobre cada uma dessas ações.

- Resolução nº 10/2019: Altera o Comitê de Governança, Integridade, Riscos e Controles (CGIRC) da Controladoria-Geral do Estado e designa a sua composição. O CGIRC, que já havia sido criado no final de 2018, tem como competência supervisionar, orientar e monitorar estruturas, sistemas, fluxos e processos de governança, integridade, gestão de riscos e controles da instituição. Podemos dizer que é uma segunda linha de defesa da CGE.
- Resolução nº 12/2019: Dispõe sobre a Governança Participativa na Controladoria-Geral do Estado (CGE), sua composição e funcionamento. Nessa resolução ficou criado o Comitê Estratégico de Governança (CEG), instância máxima de governança do órgão e que guarda semelhança com os comitês internos de governança dos órgãos e entidades do Poder Executivo federal.

Adentrando mais especificamente na gestão de riscos, de forma inovadora a CGE publicou, em maio de 2020, por meio da Resolução nº 19/2020, sua *Declaração de Apetite a Riscos*.

FIGURA 28 – Declaração de Apetite a Riscos da CGE-MG

Fonte: CGE (2020c)

A Declaração de Apetite a Riscos é um importante instrumento que sintetiza a cultura de risco e direciona o planejamento estratégico da Controladoria-Geral, norteando os demais planos e permitindo que a Alta Administração otimize a alocação de recursos orçamentários, humanos e tecnológicos, dentre outros.

A Declaração de Apetite a Riscos possibilita o conhecimento dos principais aspectos do apetite a riscos da Controladoria-Geral a todos os seus membros, devendo ser revisada anualmente, ou sempre que necessário, pelo Comitê Estratégico de Governança.

Tanto o Apetite a Riscos como a Tolerância a Riscos são acompanhados pelo Comitê Estratégico de Governança e monitorados permanentemente pela Alta Administração e pela Assessoria Estratégica e de Gestão de Riscos. Por fim, considerando o nível de maturidade da instituição em riscos, a declaração apresenta um indicador de monitoramento por tipo de risco definido (CGE, 2020c).

Exemplo:
Risco Estratégico - O gerenciamento do risco estratégico foi adotado como um componente vital da gestão, reduzindo o impacto de eventos indesejáveis na busca de benefícios para a sociedade.
- *Mitigadores*: aprovação, execução e monitoramento do Planejamento Estratégico;
- *Indicador 01*: Aprovação/Revisão anual do Planejamento Estratégico.
- Aprovado/Revisado no ano = 100%.
- Não aprovado/revisado no ano = 0%.
- *Apetite*: 100%.
- *Tolerância*: n/a.

Por meio da Resolução nº 29/2020, a CGE publicou sua *Política de Gestão de Riscos*, que trouxe como elementos os princípios; diretrizes; objetivos; instâncias e responsabilidades; e procedimentos operacionais.

FIGURA 29 – Instâncias de Gestão de Riscos da CGE-MG

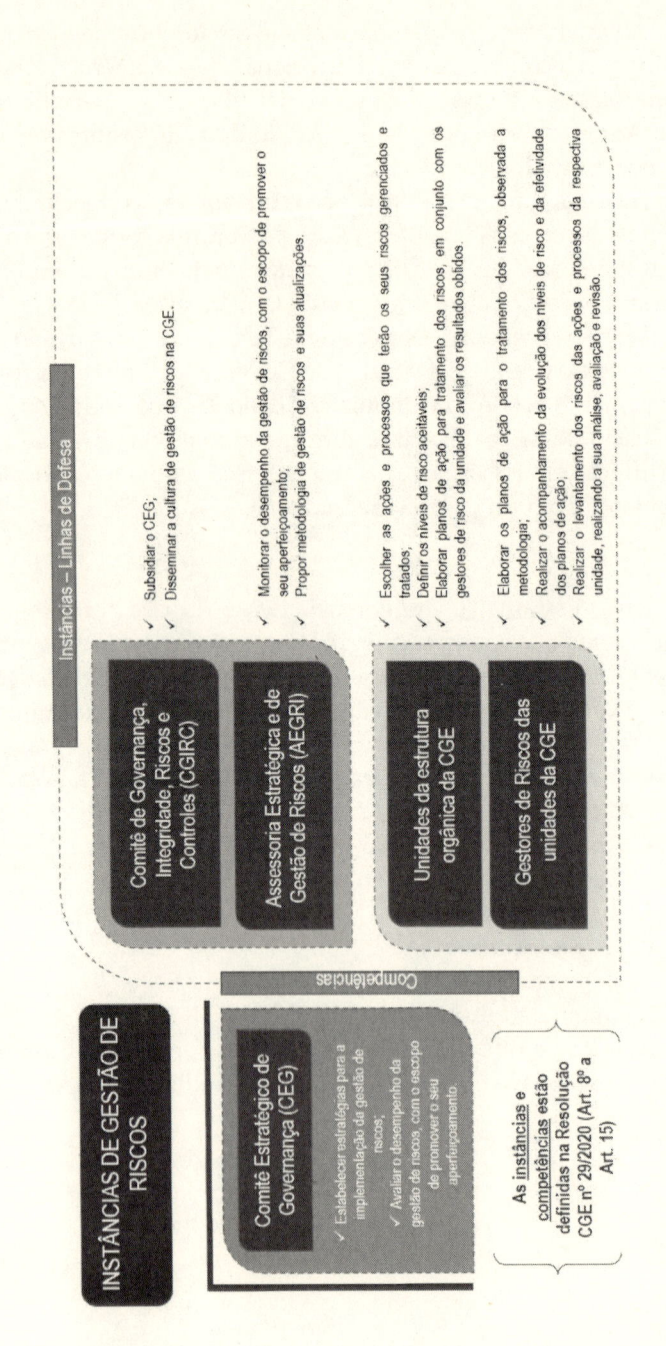

INSTÂNCIAS DE GESTÃO DE RISCOS

Comitê Estratégico de Governança (CEG)
- ✓ Estabelecer estratégias para a implementação da gestão de riscos;
- ✓ Avaliar o desempenho da gestão de riscos, com o escopo de promover o seu aperfeiçoamento.

As instâncias e competências estão definidas na Resolução CGE nº 29/2020 (Art. 8º a Art. 15)

Instâncias – Linhas de Defesa

Comitê de Governança, Integridade, Riscos e Controles (CGIRC)

Assessoria Estratégica e de Gestão de Riscos (AEGRI)

- ➢ Subsidiar o CEG;
- ➢ Disseminar a cultura de gestão de riscos na CGE.

- ➢ Monitorar o desempenho da gestão de riscos, com o escopo de promover o seu aperfeiçoamento;
- ➢ Propor metodologia de gestão de riscos e suas atualizações.

Unidades da estrutura orgânica da CGE

Gestores de Riscos das unidades da CGE

- ➢ Escolher as ações e processos que terão os seus riscos gerenciados e tratados;
- ➢ Definir os níveis de risco aceitáveis;
- ➢ Elaborar planos de ação para tratamento dos riscos, em conjunto com os gestores de risco da unidade e avaliar os resultados obtidos.

- ➢ Elaborar os planos de ação para o tratamento dos riscos, observada a metodologia;
- ➢ Realizar o acompanhamento da evolução dos níveis de risco e da efetividade dos planos de ação;
- ➢ Realizar o levantamento dos riscos das ações e processos da respectiva unidade, realizando a sua análise, avaliação e revisão.

Competências

Fonte: Autor, a partir de CGE (2020d)

Por fim, cabe destacar dois documentos elaborados pela CGE no contexto da pandemia.

O primeiro, lançado em março de 2020, é o Plano de Contingência da CGE (2020e), que teve como finalidade apresentar medidas adotadas pela Controladoria-Geral do Estado de Minas Gerais (CGE-MG) em razão da pandemia da covid-19 e do principal risco identificado a seguir, uma vez que não é possível eliminá-lo. O segundo, o Plano de Continuidade de Negócios da CGE (2020f), que adota o modelo "Plan-do-check-act" (PDCA) para planejar, estabelecer, implementar, operar, monitorar, analisar criticamente, manter e melhorar continuamente a eficácia da Gestão de Continuidade de Negócios da Controladoria.

FIGURA 30 – Plano de Continuidade de Negócios da CGE-MG

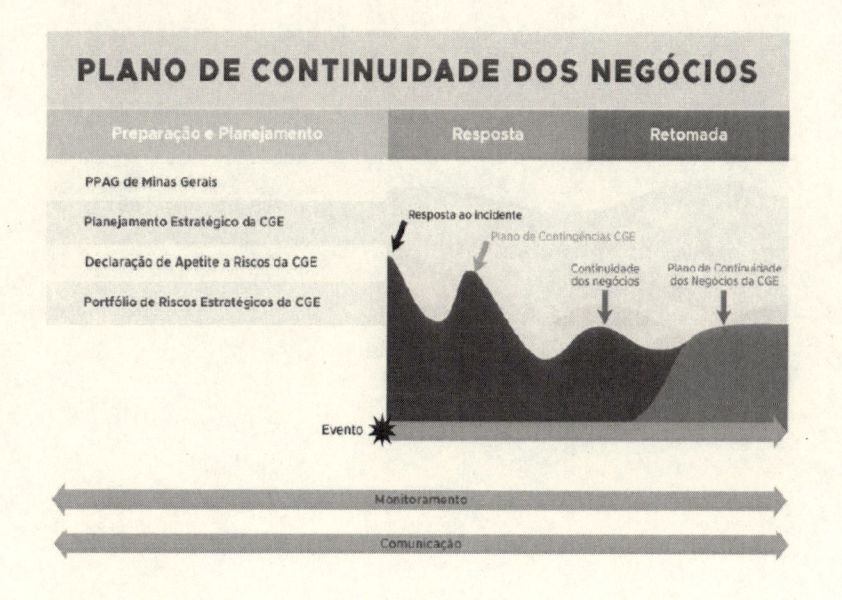

PLANO DE CONTINUIDADE DOS NEGÓCIOS

| Preparação e Planejamento | Resposta | Retomada |

PPAG de Minas Gerais
Planejamento Estratégico da CGE
Declaração de Apetite a Riscos da CGE
Portfólio de Riscos Estratégicos da CGE

Resposta ao incidente
Plano de Contingências CGE
Continuidade dos negócios
Plano de Continuidade dos Negócios da CGE

Evento

Monitoramento
Comunicação

Fonte: CGE (2020f)

CAPÍTULO 5

CONTEXTO E AMBIENTE INTERNO

> *Para as organizações que optam por enfrentar esta tempestade econômica com a ajuda da gestão de riscos, os benefícios de seus esforços hoje provavelmente permanecerão por muito tempo depois.*
>
> Grant Thornton

Até aqui já vimos as principais estruturas de gestão de riscos reconhecidas mundialmente, bem como tivemos a oportunidade de conhecer, sinteticamente, algumas iniciativas da Administração Pública Federal relativas ao tema. A partir deste capítulo o objetivo é apresentar um passo a passo de como implementar um projeto de gestão de riscos no setor público, reconhecendo suas diferenças e idiossincrasias em relação ao setor privado.

Seja qual for a estrutura que você opte por seguir, o primeiro passo para um projeto de gestão de riscos ser bem-sucedido é analisar o ambiente interno da organização, o contexto em que ela está inserida e sua maturidade em relação ao tema.

A mensuração do nível de maturidade, segundo o IBGC (2017), é uma importante ferramenta para que a organização possa se planejar, indicando onde está, onde deseja chegar e quais ações precisará tomar para alcançar o estágio almejado em gestão de riscos. Para essa avaliação é necessário que as organizações analisem a atual capacidade em relação às boas práticas existentes sobre o tema e que compreendam como e por que devem aperfeiçoá-las. Essa avaliação permitirá que as organizações possam documentar, comunicar e programar melhorias no seu modelo.

Embora não seja primordial, uma forma de avaliar o ambiente da organização em relação à gestão de riscos é por meio de questionário, aplicado aos agentes públicos. Essa técnica foi utilizada pelo Tribunal de Contas da União – TCU em 2013, quando a Egrégia Corte realizou levantamento destinado a avaliar a maturidade da gestão de riscos nos diversos setores da Administração Pública Federal indireta brasileira, por meio da construção e divulgação de indicador que estimulasse o aperfeiçoamento da gestão de riscos no setor público e que fornecesse ao TCU informações relevantes para planejamento de suas ações de controle, que culminou no Acórdão nº 2.467/2013, Plenário (TCU, 2013).

No Poder Executivo, o antigo Ministério do Planejamento, Desenvolvimento e Gestão – MP também optou por mensurar a maturidade em gestão de riscos daquele órgão por meio da aplicação de um questionário, em maio de 2016. Naquela oportunidade, a partir dos resultados obtidos, verificou-se que a organização estava no estágio de amadurecimento inicial em gestão de riscos.

Pelo menos duas são as vantagens da aplicação dessa ferramenta, reconhecendo que fatores como tempo e custo podem ser limitadores e devem sempre ser levados em consideração. Em primeiro lugar, de posse de resultados mais objetivos, o planejamento das etapas do projeto tende a ser mais efetivo, possibilitando inclusive que seja realizada uma estratificação da maturidade em diferentes setores de uma mesma organização. Além disso, a partir de um resultado quantitativo inicial, periodicamente podem ser realizadas novas medições para verificação da evolução da maturidade, o que permite avaliar a efetividade do projeto que está sendo implementado.

Em pesquisa realizada pela PwC, em parceria com a *Association for Federal Enterprise Risk Management* (PWC, 2015), com líderes de riscos e conformidade em cerca de 30 departamentos e agências federais nos EUA, em 2015, foi identificado que a implementação bem-sucedida e o amadurecimento de um programa de gerenciamento de riscos no setor público requerem firme apoio e o compromisso da alta administração das organizações. A mesma pesquisa concluiu que uma prática comum de programas de gerenciamento de riscos bem-sucedidos é que, além de serem defendidos pela liderança das organizações, estas possuem um comitê ou departamento especializado no tema e responsável por sua implementação. Isso permite que "silos organizacionais" sejam quebrados, incentivando a análise de risco reflexiva nos principais processos de tomada de decisão.

Para melhor entendimento do processo de gerenciamento de riscos e níveis de responsabilidade, utilizaremos a partir de agora os seguintes conceitos:

Alta administração

- Gestores que integram o nível executivo mais elevado da organização com poderes para estabelecer as políticas, os objetivos e conduzir a implementação da estratégia para realizar os objetivos da organização. Na esfera federal, a alta administração é composta por ministro e secretário-executivo, na administração direta, e por presidentes e diretores, na administração indireta.

Organização

- Compreende órgãos e entidades, ministérios (secretarias nos estados e municípios), autarquias, fundações, empresas públicas e sociedades de economia mista.

Agentes públicos

- Para não mencionar indevidamente os termos *servidores* e *funcionários públicos*, optei ao longo desta obra por utilizar o termo *agentes públicos* para me referir ao corpo funcional de uma organização.

Feitas essas breves considerações, passo a abordar os principais pontos relacionados pela doutrina e pelas estruturas de gerenciamento de riscos relacionados ao contexto e ambiente interno de uma organização no que se refere à gestão de riscos.

Ao se estabelecer o contexto para a implementação do processo de gestão de riscos, parâmetros externos e internos precisam ser considerados em detalhe. Em particular, como eles se relacionam com o escopo do respectivo processo (ABNT, 2018).

Segundo a ISO 31000, o contexto externo é o ambiente externo no qual a organização busca atingir seus objetivos. Entendê-lo é importante para assegurar que os objetivos e as preocupações das partes interessadas externas (sociedade, reguladores etc.) sejam considerados no desenvolvimento dos critérios de risco.

Leis e regulamentos podem afetar o ambiente de risco da organização. É importante que ela identifique como leis e regulamentos impactam suas atividades, quer exigindo que a organização faça alguma coisa, quer restringindo as ações que ela está autorizada a tomar (UK, 2004).

Ainda em relação ao contexto externo, toda organização é limitada pela expectativa das partes interessadas, principalmente a sociedade, no caso do setor público. As ações de gerenciamento de riscos, que poderiam ser as mais adequadas e efetivas em determinadas situações, podem não ser aceitáveis para o público em geral, ou seja, a sociedade pode não estar disposta a aceitar tais ações.

> **Exemplificando**
> Em um cenário de forte recessão e necessidade de ajuste fiscal, uma resposta ao risco de haver uma explosão da relação dívida/PIB do país poderia ser o corte de gastos, inclusive em programas sociais, bem como o aumento da idade mínima para aposentadoria. Será que a sociedade estaria disposta a aceitar esse tratamento de risco proposto pelo Governo?

Voltando à ISO, essa norma entende como contexto interno o ambiente interno no qual a organização busca atingir seus objetivos. Nesse sentido, é importante que o processo de gestão de riscos esteja alinhado com cultura, processos, estrutura e estratégia da organização, pois esse contexto interno influenciará a maneira pela qual uma organização gerenciará os riscos.

O contexto do processo de gestão de riscos irá variar de acordo com as necessidades de uma organização. Não se pode esperar que o processo de gestão de riscos da Petrobras seja semelhante ao da Embrapa ou do Ministério da Fazenda, por exemplo.

Devido às peculiaridades de cada organização, faz-se necessário definir alguns pontos para uma adequada implementação do processo de gestão de riscos, como exemplo: metas e objetivos das atividades de gestão de riscos; responsabilidades pelo processo; escopo da profundidade e da amplitude das atividades da gestão de riscos a serem realizadas; metodologias a serem utilizadas; forma como serão avaliados o desempenho e a eficácia da gestão de riscos; entre outros. A atenção para estes e outros fatores pertinentes pode ajudar a assegurar que a abordagem adotada para a gestão de riscos seja apropriada às circunstâncias, à organização e aos riscos que afetam a realização de seus objetivos (ABNT, 2018).

O Coso GRC foca no ambiente interno, estabelecendo que este abrange a cultura de uma organização e sua influência sobre a consciência de risco de seu pessoal, sendo a base para os demais componentes do gerenciamento de riscos corporativos, o que possibilita disciplina e estrutura.

Os fatores do ambiente interno compreendem a filosofia administrativa de uma organização no que diz respeito aos riscos; o seu apetite de risco; a supervisão da alta administração; a integridade; os valores éticos; a competência do pessoal da organização; e a forma pela qual a administração atribui alçadas e responsabilidades, bem como organiza e desenvolve o seu pessoal (COSO, 2007).

5.1 Governança e cultura de riscos

A atualização do Coso GRC, em 2017, traz um enfoque maior na governança e na cultura de riscos como base para todos os outros componentes da gestão de riscos corporativos. A governança de risco define o tom da organização, reforçando a importância do gerenciamento de risco e estabelecendo responsabilidades de supervisão. A cultura está ligada a valores éticos, comportamentos desejados e compreensão do risco na organização, refletindo na tomada de decisões.

Mas, se estabelecer uma cultura em que a administração e o pessoal "fazem o que é certo no momento certo" é fundamental para o gerenciamento de risco da empresa, então, por que as coisas às vezes dão errado? Mesmo em entidades que demonstram de forma sólida a integridade e a ética, fenômenos e crises éticas às vezes ocorrem, prejudicando sua reputação e, em última instância, deixando a organização incapaz de atingir sua estratégia e objetivos.

Algo "errado" pode ocorrer por três razões: i) pessoas com boa intenção cometem erros (por confusão ou ignorância); ii) boas pessoas têm um momento de fraqueza; e iii) pessoas mal-intencionadas optam por fazer mal. Sabendo que qualquer uma dessas três coisas pode acontecer, uma organização deve alinhar a ética e a cultura para ajudar as pessoas a evitar erros e se manterem na linha, bem como identificar potenciais fraudadores, indivíduos ou grupos. Isso exige avaliar adequadamente e priorizar os riscos e desenvolver respostas detalhadas sobre eles (COSO, 2017).

Quando as normas de conduta não são respeitadas, é geralmente por uma das seguintes razões:

- A alta administração não transmite efetivamente as expectativas nem demonstra aderir ela mesma às normas.
- Gestores táticos e operacionais não estão alinhados com a missão, a visão, os valores fundamentais, a estratégia e as respostas de risco da entidade.
- O risco é uma reflexão posterior para a definição de estratégias e o planejamento de negócios.
- As metas de desempenho criam incentivos ou pressões para comprometer o comportamento ético.
- O processo para investigar e resolver a tomada excessiva de riscos é inadequado.
- Existe não conformidade intencional ou deliberada por parte da administração ou do pessoal.

Alinhar o comportamento individual com a cultura é fundamental. Explicitamente, a organização deve desenvolver políticas, regras e padrões de conduta. Implicitamente, entretanto, a organização deve praticar os valores fundamentais e os padrões de conduta, ou seja, não deve escrever uma coisa e fazer outra, pois as pessoas respondem melhor ao reforço comportamental do que às regras e políticas escritas.

A cultura e a ética são parte integrante da capacidade da entidade para atingir sua missão e visão, mas, embora a cultura seja uma força poderosa, não é determinante. A tomada de decisão individual e, portanto, a responsabilidade individual são fundamentais para a ética e o gerenciamento de riscos corporativos.

Por essa razão a organização deve demonstrar seu compromisso em aplicar o código de conduta diante de decisões difíceis. Por exemplo, ao ter que tomar uma decisão desafiadora, a organização pode fazer as seguintes perguntas:

- Isso infringe os padrões de conduta da entidade?
- É legal?
- Queremos que nossas partes interessadas, principalmente a sociedade, conheçam isso?
- Isso refletiria negativamente sobre o gestor ou a própria organização?

A organização deve enviar uma mensagem clara sobre o que é aceitável ou não sempre que os desvios se tornam conhecidos. Os desvios em relação aos padrões de conduta devem ser abordados de forma tempestiva e consistente.

5.2 Apoio da alta administração

Como a maior parte dos modelos de gerenciamento de riscos foram pensados para empresas, geralmente há um enfoque no papel do conselho de administração na implementação do processo de gestão de riscos da empresa. Entretanto, as atribuições desse conselho, na maior parte das vezes ligadas à supervisão, podem ser vistas também como papéis da alta administração, naquelas organizações que não possuem conselho em sua estrutura.

Sendo extremamente direto, é muito simples entender que com o apoio de quem "manda" as coisas ficam mais fáceis. Dessa forma, é claro que um projeto de gestão de riscos implementado com o apoio dos dirigentes máximos da organização tem mais chances de sucesso que aqueles que são iniciativas isoladas de alguns agentes públicos que acreditam que o gerenciamento de riscos é benéfico para a organização.

A alta administração é responsável pelo *tone at the top*, termo utilizado para descrever a cultura ética da organização, estabelecendo que o exemplo deve "vir de cima". Usualmente se diz que a abordagem *top down* é a mais indicada para que um processo de gestão de riscos tenha êxito, ou seja, os dirigentes devem comprar a ideia primeiro e, dessa forma, repassar as orientações às camadas inferiores da organização.

Embora essa prática seja a mais difundida na literatura, vou me permitir argumentar a favor da prática oposta, a chamada *bottom up*, por meio da qual iniciativas pontuais vão sendo validadas e replicadas na organização, de forma mais efetiva. Isso não quer dizer que esse tipo de abordagem seja melhor ou pior que a *top down*. Apenas significa que não podemos desistir simplesmente porque a alta administração ainda não "comprou a ideia".

Certa vez estava fazendo uma apresentação sobre o trabalho de gestão de riscos que estamos desenvolvendo no Ministério do Planejamento, Desenvolvimento e Gestão – MP, quando um colega me interrompeu, argumentando que no MP tínhamos o apoio do ministro e do secretário executivo, então era mais fácil. Já no ministério em que ele trabalhava a alta administração nem sabia o que era gestão de riscos.

O colega está certo. Como disse anteriormente, é realmente muito mais fácil lograr êxito na implementação da gestão de riscos com o apoio dos dirigentes máximos da organização. Mas será que apenas por essa falta de apoio já precisamos desistir do nosso projeto?

Respondi ao comentário do colega com uma pergunta: "Entendo que você não tem o 'tom do topo' na sua organização, mas acha que consegue convencer um coordenador, de qualquer área do seu ministério, a 'experimentar' a gestão de riscos?".

Com essa pergunta quis demonstrar que iniciativas isoladas podem ser um começo para um processo de gerenciamento de riscos bem-sucedido em uma organização. A partir dos bons resultados colhidos em projetos pilotos, outros departamentos irão se interessar pela gestão de riscos, o que fará com que a cultura da organização vá mudando de baixo para cima, até que a alta administração seja convencida dos benefícios desse processo.

5.3 Recursos humanos e competência

A administração deve definir o capital humano necessário para a realização dos objetivos estratégicos da organização e sua missão. Compreender as competências necessárias ajuda a estabelecer como os vários processos de negócios devem ser realizados e quais habilidades devem ser aplicadas.

No setor público a função de recursos humanos torna-se ainda mais fundamental, visto que os cargos são definidos por lei e os servidores ingressam por concurso público, possuindo estabilidade. Nesse sentido, a área de recursos humanos deve ajudar a promover a competência, desenvolvendo descrições de cargos e funções e responsabilidades, atuando como facilitadores em treinamentos e avaliando o desempenho individual para gerenciar riscos.

A competência reflete no conhecimento e nas habilidades necessárias à execução de tarefas designadas. A administração deve decidir quão bem essas tarefas necessitam ser executadas, ponderando a estratégia e os objetivos da organização, bem como a relação entre competência e custo do agente público. Ela deve estipular os níveis de competência para determinados trabalhos e traduzir esses níveis em habilidades e conhecimentos necessários, que por sua vez podem depender do grau de inteligência, treinamento e experiência individuais (COSO, 2007).

O compromisso contínuo com a competência é suportado e incorporado nos processos de gerenciamento de recursos humanos (COSO, 2017). O gerenciamento em diferentes níveis estabelece a estrutura e o processo para:

– *Atrair*: deve-se procurar os agentes públicos que se encaixam na cultura de risco da entidade, nos comportamentos desejados, no estilo operacional e nas necessidades organizacionais, além de terem competência para desempenhar as funções propostas.

- *Treinar*: deve-se permitir que os indivíduos desenvolvam e mantenham competências de gerenciamento de risco apropriadas às funções e responsabilidades atribuídas e reforcem padrões de conduta e níveis de competência desejado. Os treinamentos devem ser adaptados às necessidades específicas.
- *Mentorear*: deve-se fornecer orientação sobre o desempenho do agente público em relação aos padrões de conduta e competência, alinhar suas habilidades e conhecimentos com a estratégia e os objetivos da organização e ajudá-lo a se adaptar a um ambiente interno e externo em evolução.
- *Avaliar*: deve-se medir o desempenho dos agentes públicos em relação à consecução dos objetivos da organização e em relação ao que deles era esperado, a partir de padrões acordados.
- *Conservar*: deve-se fornecer incentivos para motivar o agente público e reforçar o nível desejado de desempenho e conduta.

5.4 Estrutura organizacional, autoridade e responsabilidade

Outro ponto importante no contexto de uma organização para a implementação de um processo de gerenciamento de riscos é sua estrutura organizacional, que deve incluir a definição de áreas de autoridade e responsabilidade, bem como a definição de linhas apropriadas de comunicação.

O desafio de uma organização é desenvolver estrutura compatível com sua necessidade, levando em consideração seu tamanho e a natureza de suas atividades, ou seja, não é esperado que todos os ministérios tenham a mesma estrutura organizacional, muito menos que empresas de portes e setores distintos apresentem uma mesma composição. Entretanto, qualquer que seja sua configuração, a organização deve estar estruturada de forma a possibilitar um gerenciamento de riscos corporativos eficaz e desempenhar as suas atividades de modo a atingir os seus objetivos.

Nesse contexto é importante a definição de alçadas e responsabilidades de cada indivíduo, pois dessa forma restará claro para a organização até que ponto pessoas e equipes estão autorizadas e são incentivadas a adotar sua própria iniciativa ao abordar questões, bem como a solucionar problemas e os limites dessa autoridade.

Algumas organizações deslocam o nível de autoridade para baixo a fim de levar o processo decisório aos escalões inferiores. O desafio crucial é delegar apenas até o grau necessário ao alcance dos objetivos. No que tange ao gerenciamento de riscos, isso significa assegurar que o processo decisório esteja embasado em práticas sadias de identificação e avaliação de riscos, inclusive o dimensionamento de riscos e a comparação entre o potencial de prejuízo com os ganhos na determinação de quais riscos aceitar e de como serão administrados (COSO, 2007).

Definir claramente a autoridade é importante, pois habilita as pessoas a agir como deveriam dentro de determinado papel, mas também coloca limites na autoridade (COSO, 2017). As decisões baseadas em risco são aprimoradas quando o gerenciamento: i) delega autoridade somente na medida necessária para alcançar a estratégia e os objetivos comerciais da entidade; ii) especifica transações que exigem revisão e aprovação; e iii) considera riscos novos e emergentes como parte da tomada de decisões.

Nesse sentido, a alta administração de uma entidade desempenha um papel importante na governança de risco e influencia significativamente a gestão de risco da organização. Cabe a ela a análise das atividades da gerência quando necessário, apresentando visões alternativas, desafiando os preconceitos organizacionais e atuando em face das irregularidades.

Antes de terminar este capítulo, devo ressaltar que o ambiente interno pode causar um impacto positivo ou negativo nas outras fases de gerenciamento de riscos que veremos na sequência desta obra.

Vocês se lembram do caso da Enron, aquela grande empresa americana de energia, que sofreu uma das maiores falências da história, no início dos anos 2000? Ela acreditava possuir um gerenciamento de riscos eficaz, com sistemas de informações e atividades de controle adequadas, bem como rotinas detalhadas de supervisão. Entretanto, seu ambiente interno era inadequado, tendo a administração participado de negócios duvidosos e que levaram a um dos maiores escândalos corporativos das últimas décadas.

Para que uma organização possa desfrutar de um gerenciamento de riscos corporativos eficaz, a atitude e o interesse da alta administração devem ser claros e permear toda a organização. Não é suficiente apenas dizer as palavras corretas. Atitudes como "faça o que digo e não o que faço" somente gerarão um ambiente inadequado (COSO, 2007).

A partir daqui, ao final de cada capítulo o tema abordado será apresentado de maneira prática, objetivando auxiliar o leitor a conduzir o processo de gerenciamento de riscos em sua organização.

Dica prática!

Na *dica prática* relacionada ao *contexto e ambiente interno* de uma organização apresento alguns pontos que devem ser verificados pela área responsável pela implementação do projeto de gestão de riscos. É claro que essa lista não é exaustiva, podendo (e devendo) ser complementada a partir da experiência de cada um na aplicação em sua organização (IIA, 2012).

- Conduzir, periodicamente, pesquisas anônimas "de pulso" com os agentes públicos no que diz respeito à comunicação da atitude ética por parte da alta administração.
- Revisar a existência e o conteúdo do código de conduta da organização e garantir que exista um processo para a atualização periódica do código.
- Verificar se existe um canal de denúncias – incluindo a unidade organizacional responsável por gerenciar e supervisionar o canal. Nesse ponto, também é interessante examinar os esforços de promoção do canal por parte da organização e revisar uma amostra de denúncias recebidas, verificando a adequação da investigação e da resolução das alegações.
- Perguntar aos funcionários relevantes sobre sua percepção quanto à importância de cumprir com os objetivos da organização. Nessa ótica, revisar os critérios para as revisões de desempenho dos agentes públicos, verificando se eles são considerados responsáveis por alcançar esses objetivos.
- Revisar a estrutura organizacional do órgão/entidade, comparando-a com outras de tamanho similar, e verificar se os riscos associados a essa estrutura foram discutidos pela alta administração.
- Verificar se a estrutura da organização facilita o fluxo de informações de riscos para cima, para baixo e por toda a organização.

– Selecionar uma amostra de cargos e revisar suas descrições de cargo/papel, a partir dos organogramas da organização, para garantir que o nível certo de competências tenha sido articulado para cumprir as tarefas atribuídas àquele cargo. As habilidades parecem apropriadas e as competências (e experiência) parecem razoáveis e consistentes?
– Revisar uma amostra das avaliações de desempenho, para determinar se as habilidades notadas nas descrições de cargo realmente fazem parte da avaliação de desempenho dos agentes públicos.
– Verificar estatísticas de rotatividade e tendências, avaliando se o RH ou outra área de gestão revisa os níveis de rotatividade.
– Obter e revisar o processo de gerenciamento de desempenho documentado da organização. Verificar se os elementos principais existem.

CAPÍTULO 6

FIXANDO OBJETIVOS

O risco vem de você não saber o que está fazendo.

Warren Buffet

Como já foi falado neste livro, só faz sentido pensarmos em riscos após termos definido qual ou quais são nossos objetivos, sejam eles operacionais, de conformidade, estratégicos etc.

Todas as organizações existem para cumprirem determinado propósito, seja para entregar um serviço ou alcançar um resultado específico. No setor privado, em regra, o objetivo principal de uma organização é aumentar o valor gerado ao acionista, ou seja, maximizar os ganhos daqueles que acreditaram na empresa. No setor público, entretanto, o objetivo geralmente está ligado à entrega de um serviço ou resultado à sociedade, que em última instância é o "consumidor final" daquela organização.

Seja qual for o propósito da organização, a entrega de seus objetivos é cercada de incerteza, que traz consigo ameaças ao sucesso no atingimento dos objetivos e oportunidades para aumentar a chance de ser bem-sucedido em sua missão institucional (UK, 2004).

Os objetivos estratégicos orientam o trabalho da organização para criar valor a todos que investiram nela, ou seja, no caso do setor público, os cidadãos, a sociedade.

Segundo o COSO GRC, os objetivos devem ser fixados no âmbito estratégico, estabelecendo uma base para os objetivos operacionais, de comunicação e de cumprimento de normas. Os objetivos estratégicos são metas de nível geral, alinhadas à missão/visão da organização e fornecendo-lhe apoio. Eles refletem em como a alta administração escolheu uma forma de gerar valor para as partes interessadas.

Peguemos como exemplo o planejamento estratégico do antigo Ministério do Planejamento, Desenvolvimento e Gestão – MP (BRASIL, 2016b).

Segundo esse documento, um dos nove objetivos estratégicos do Ministério era "promover a melhoria da governança das empresas estatais", objetivo este que estava sob a responsabilidade da Secretaria de Coordenação e Governança das Empresas Estatais – SEST.

Mas será que alguma coisa poderia fazer com que o MP não atinjisse esse objetivo estratégico? Ou basta uma organização definir os objetivos que deseja alcançar e isso se concretizará?

Com certeza a resposta para a primeira pergunta é positiva, e é por isso que faz sentido gerenciar os riscos do não atingimento desse objetivo, que, em última instância, poderia fazer com que o Ministério não entregasse sua missão institucional, qual seja "promover o desenvolvimento, a gestão eficiente, a melhoria do gasto público e a ampliação dos investimentos, visando à oferta de bens e serviços de qualidade ao cidadão" (BRASIL, 2016b).

Após orientar seus esforços para a definição de seus objetivos estratégicos, a organização estará pronta para definir os objetivos correlatos, cuja realização gerará e preservará valor. Embora reconhecendo que há uma diversidade dos objetivos nas organizações, podemos estabelecer certas categorias mais amplas, conforme propõe o Coso GRC, quais sejam:

Objetivos operacionais

- São aqueles relacionados com a eficácia e a eficiência das operações da organização, inclusive metas de desempenho e de lucro, bem como reservas de recursos contra prejuízos. Variam de acordo com a decisão da administração em relação à estrutura e ao desempenho.

Objetivos de comunicação

- Relacionam-se com a confiabilidade dos relatórios. Incluem relatórios internos e externos e podem, ainda, conter informações financeiras e não financeiras.

Objetivos de conformidade

- Também conhecidos como objetivos de *compliance*, relacionam-se com o cumprimento de leis e regulamentos. Em alguns casos dependem de fatores externos e tendem a ser semelhantes em todas as organizações.

Em um processo de gerenciamento de riscos não é suficiente selecionar objetivos e considerar a maneira como estes darão suporte à missão da organização. É necessário que esses objetivos estejam aderentes ao seu apetite de risco. Um alinhamento falho poderá fazer com que os riscos aceitos sejam demasiadamente baixos para alcançar os objetivos, ou, por outro lado, que se aceitem riscos demais.

O gerenciamento de riscos eficaz não dita os objetivos que a administração deve escolher, mas certifica-se que a referida administração dispõe de um processo que alinhe objetivos estratégicos com a sua missão e que esses objetivos e os correlatos (operacional, comunicação e conformidade) selecionados estejam de acordo com o apetite de risco, o qual direciona os níveis de tolerância a riscos para a organização (COSO, 2007).

Segundo o *Orange Book* (UK, 2004), risco é definido como a incerteza de resultado, seja oportunidade positiva ou ameaça negativa, de ações e eventos. O risco deve ser avaliado em relação à combinação da probabilidade de algo acontecer e do impacto que surge se realmente se concretizar. Ao resultado dessa combinação chamamos de nível de risco, objeto de capítulo posterior.

Os recursos disponíveis para gerenciar o risco são finitos e, portanto, o objetivo é alcançar uma resposta ótima ao risco, priorizado de acordo com uma avaliação dos riscos. O risco é inevitável e todas as organizações precisam agir para gerenciar o risco de forma que ele possa justificar um nível tolerável. A quantidade de risco que é julgada tolerável e justificável é conhecida como "apetite de risco".

6.1 Apetite e tolerância a riscos

A definição do perfil de riscos é prerrogativa da alta administração. O perfil de riscos significa em quanta exposição ao risco se aceita incorrer, o que envolve tanto o nível de apetite quanto o de tolerância a riscos. O perfil de riscos deverá estar refletido na cultura da organização e, para isto, cabe à alta administração outorgar um mandato claro para que os secretários possam administrá-lo. A implantação de um modelo de gerenciamento de riscos requer o envolvimento ativo de ambos (alta administração e secretários), aprimorando o processo de tomada de decisão da organização, tanto no contexto da elaboração do seu planejamento estratégico, como na sua execução e monitoramento.

Determinar o apetite de riscos ajudará a organização a determinar a quantidade de risco com que ela está disposta a "conviver" e quanto de risco ela precisa gerenciar. O apetite de riscos permite que as organizações determinem quanto elas estão dispostas a assumir riscos para inovar na busca de objetivos.

Um apetite de riscos claramente definido fornece à alta administração e à organização como um todo uma estrutura que facilita a identificação e a gestão de riscos e de oportunidades. Objetivos estratégicos claros e concisos devem apoiar a declaração de apetite e tolerância a riscos.

Embora a tolerância e apetite ao risco sejam definidos em vários documentos, eles parecem ser interpretados e usados de forma distintas entre os diversos programas de gerenciamento de risco em empresas e órgãos públicos. Por essa razão, após algumas definições conceituais trarei alguns exemplos práticos para auxiliar no entendimento desses dois conceitos.

A noção de apetite pelo risco também implica a noção de tolerância ao risco. De acordo com o Coso (2007), o apetite de riscos é a quantidade de risco estabelecida, de modo amplo, que uma organização está disposta a aceitar na busca de sua missão/visão de futuro, enquanto a tolerância a risco é o nível aceitável de variação referente à realização dos objetivos.

Já na atualização do Coso GRC, em 2017, observa-se que apetite de riscos se refere aos tipos e quantidades de riscos, no sentido mais amplo, que uma organização está disposta a aceitar em busca para agregar valor. Já a tolerância a riscos representa a variação aceitável em desempenho, intimamente ligada com apetite de riscos. Reparem que, embora a definição de apetite de riscos tenha permanecido praticamente a mesma, o conceito de tolerância a riscos evoluiu, estando atualmente intimamente ligado ao desempenho da organização.

Segundo o IBGC (2017), enquanto apetite de riscos é uma análise *ex-ante*, tolerância ao risco diz respeito ao nível aceitável de variabilidade na realização das metas e objetivos definidos, sendo considerada uma atividade mais associada ao monitoramento, *ex-post*.

A Norma ISO 31000 não trata de apetite e tolerância a riscos, mas o ISO *Guide* 73 (ABNT, 2009a) define apetite de riscos como a quantidade e o tipo de riscos que uma organização está preparada para buscar, reter ou assumir. O mesmo documento conceitua tolerância a riscos como a disposição da organização ou parte interessada em suportar o risco, após o tratamento, a fim de atingir seus objetivos, sendo que esta pode ser influenciada por requisitos legais ou regulatórios.

A tolerância ao risco é o nível de risco que uma organização pode aceitar em termos individuais do risco, enquanto o apetite de risco é o risco total que a organização pode suportar em determinado perfil de risco, geralmente expresso em conjunto. A tolerância ao risco está relacionada à aceitação dos resultados de um risco se eles ocorrerem, e ter os recursos e controles adequados para absorver ou "tolerar" o risco dado, expressado em critérios de risco, sejam eles qualitativos e/ou quantitativos. Por outro lado, o apetite de riscos está relacionado com a estratégia de longo prazo do que precisa ser alcançado e os recursos disponíveis para alcançá-lo.

A definição e diferenciação de apetite e tolerância a riscos é sempre um assunto que gera discussões e falta de consenso em uma organização, principalmente no setor público, quando na maior parte das vezes não faz sentido utilizarmos parâmetros como lucratividade e liquidez para medirmos nosso apetite de riscos ou tolerância a eles.

FIGURA 31 – Relação entre objetivos, apetite de riscos e tolerância a riscos

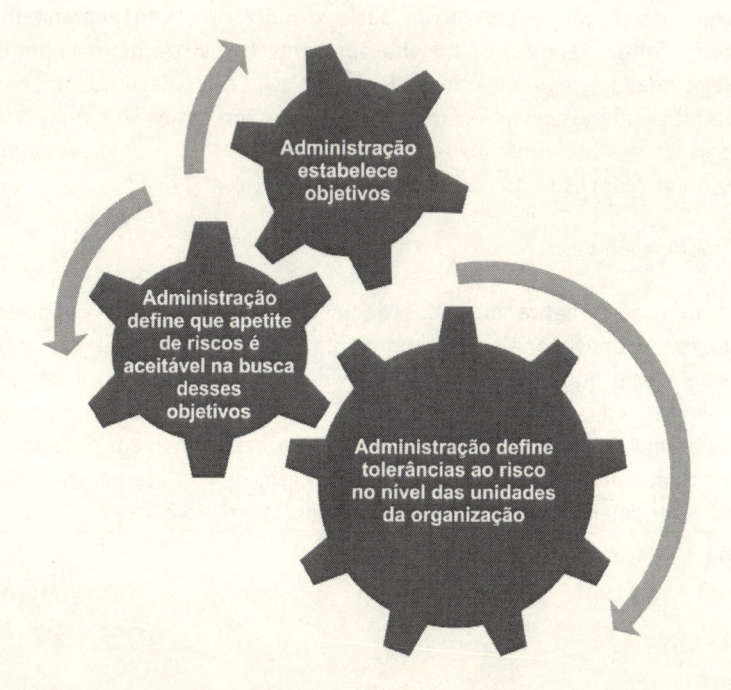

Fonte: Autor, adaptado de Coso (2012).

De maneira geral, podemos dizer que o apetite de riscos é estratégico e amplo. A tolerância a riscos é tática e operacional. O apetite de riscos está relacionado à predisposição da organização em assumir determinados níveis de exposição a riscos, independentemente de sua capacidade de suportar o seu impacto (tolerância a riscos). Já a tolerância a riscos está ligada à resiliência da organização em suportar o impacto de determinado risco. Dessa forma, o problema não é o apetite de riscos de uma organização ser alto ou baixo, mas quando há um descasamento entre esse apetite e o nível de tolerância a riscos do negócio.

Exemplificando

Imagine que você é diretor de um hospital público e junto com sua equipe deve definir o apetite de riscos de sua organização e tolerâncias a eles.

Apetite de riscos

Você não quer que o hospital que dirige apareça nos meios de comunicação por ter deixado um paciente morrer antes de ser atendido. Dessa forma, define que o hospital apresenta um baixo apetite de riscos relacionado à segurança do paciente, ou seja, estabelece que apenas riscos pequenos sejam aceitos. Entretanto, sabe também que precisa balancear o atendimento tempestivo para todas as necessidades do paciente com os custos de fornecer esses serviços.

Tolerância a riscos

A partir do apetite de riscos definido pela organização, define-se objetivos operacionais de atendimento. Nesse caso, o hospital pode estabelecer que os pacientes críticos devem ser atendidos em até 15 minutos, com tolerância zero para não atingimento desse objetivo. Entretanto, os demais pacientes devem ser atendidos dentro de até 1 hora, mas aceita-se que em até 20% dos casos esses pacientes (que não apresentam risco de morte) sejam atendidos em até 2 horas.

FIGURA 32 – Apetite de riscos x Tolerância a riscos

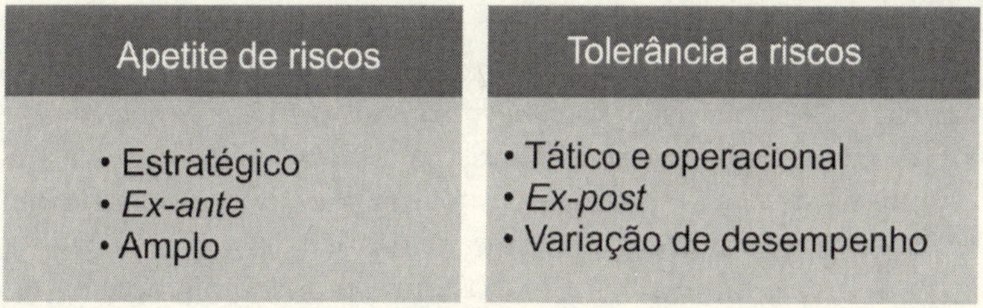

Apetite de riscos	Tolerância a riscos
• Estratégico • *Ex-ante* • Amplo	• Tático e operacional • *Ex-post* • Variação de desempenho

Fonte: Autor

A administração deve definir tolerâncias de risco para os objetivos definidos. A tolerância ao risco, que como vimos é o nível aceitável de variação no desempenho em relação à consecução dos objetivos, é inicialmente definida como parte do processo de definição de objetivos (GAO, 2014).

Essa definição é realizada em termos específicos e mensuráveis, de modo que sejam claramente indicados e possam ser medidos. A tolerância a riscos geralmente é medida nos mesmos termos que as medidas de desempenho para os objetivos definidos. Dependendo da categoria de objetivos, as tolerâncias a riscos podem ser expressas da seguinte forma:

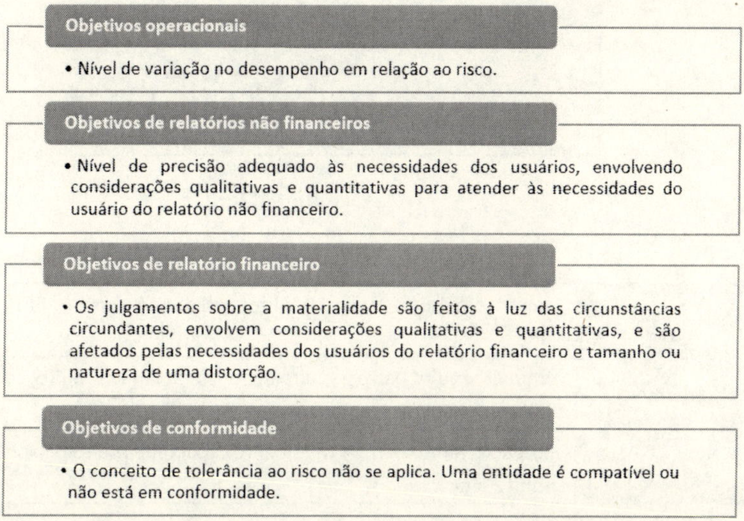

Objetivos operacionais
- Nível de variação no desempenho em relação ao risco.

Objetivos de relatórios não financeiros
- Nível de precisão adequado às necessidades dos usuários, envolvendo considerações qualitativas e quantitativas para atender às necessidades do usuário do relatório não financeiro.

Objetivos de relatório financeiro
- Os julgamentos sobre a materialidade são feitos à luz das circunstâncias circundantes, envolvem considerações qualitativas e quantitativas, e são afetados pelas necessidades dos usuários do relatório financeiro e tamanho ou natureza de uma distorção.

Objetivos de conformidade
- O conceito de tolerância ao risco não se aplica. Uma entidade é compatível ou não está em conformidade.

Reparem que, assim como na definição de objetivos correlatos, proposta pelo Coso GRC, para o GAO (2014) a administração considera as tolerâncias a riscos no contexto das leis, regulamentos e padrões aplicáveis da entidade, bem como os padrões de conduta da entidade, estrutura de supervisão, estrutura organizacional e expectativas de competência. Se as tolerâncias a riscos para objetivos definidos não forem consistentes com esses requisitos e expectativas, o gerenciamento revisa essas tolerâncias para alcançar a consistência.

As duas figuras a seguir ilustram bem as diferenças entre os apetites de riscos alto e baixo. Repare que a figura 27 reflete uma disposição relativamente maior de aceitar o risco em busca da missão e dos objetivos da organização.

FIGURA 33 – Alto apetite de riscos

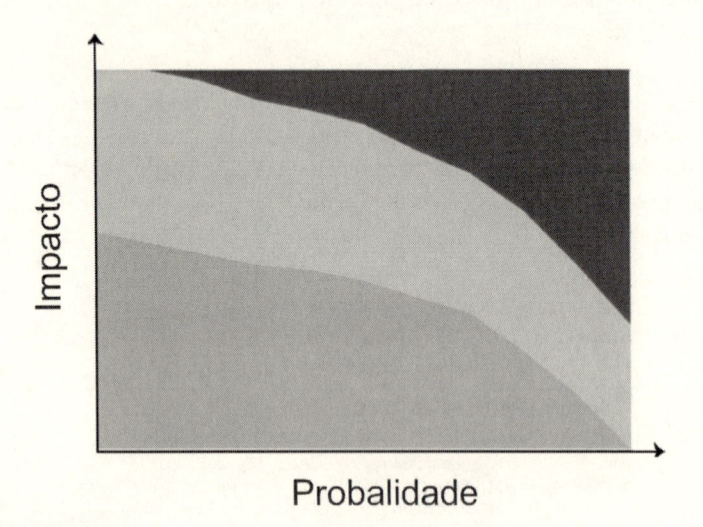

Risco alto	Impacto médio a muito alto. Probabilidade baixa a muito alta.
Risco médio	Impacto muito baixo a muito alto. Probabilidade muito baixa a muito alta.
Risco baixo	Impacto muito baixo a médio. Probabilidade muito baixa a muito alta.

Fonte: Autor, adaptado de RIMS (2012).

O apetite de risco real pode ser modificado com base na determinação da empresa de "risco alto". Se as circunstâncias mudam e a organização prefere adotar um menor apetite de risco, ele pode designar "risco alto" para abranger menores níveis de impacto como demonstrado na figura 28. No entanto, isso não altera a própria declaração de apetite de risco.

FIGURA 34 – Baixo apetite de riscos

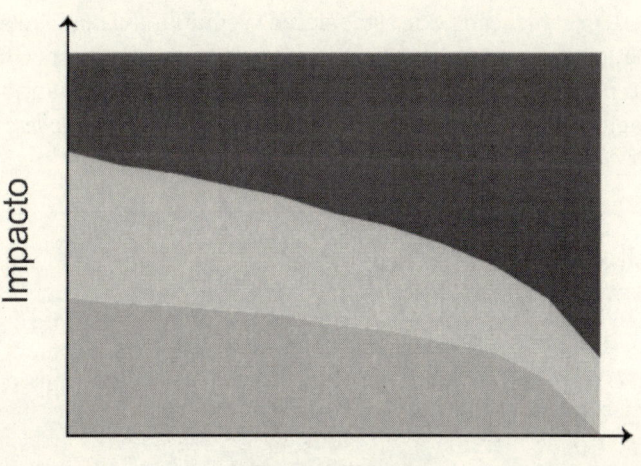

Risco alto	Impacto baixo a muito alto. Probabilidade muito baixa à muito alta.
Risco médio	Impacto muito baixo a alto. Probabilidade muito baixa à muito alta.
Risco baixo	Impacto muito baixo à médio. Probabilidade muito baixa à muito alta.

Fonte: Autor, adaptado de RIMS (2012).

Se quiserem visualizar uma declaração de apetite a riscos, indico a da Controladoria-Geral do Estado de Minas Gerais (CGE, 2020c), disponível em: http://www.cge.mg.gov.br/noticias-artigos/759-cge-mg-lanca-sua-declaracao-de-apetite-a-riscos e apresentada sucintamente no capítulo 4.

Dica prática!

A organização pode estabelecer a seguinte *declaração* relacionada ao apetite de riscos para todas as categorias e também especificando a gestão para os riscos estratégicos e operacionais, imaginando que em sua metodologia os níveis de risco variam entre *baixo, moderado, alto* e *crítico*:

Todas as categorias de risco
A organização deve assegurar o alcance dos objetivos, por meio da identificação antecipada dos possíveis eventos que possam ameaçar seu atingimento, o cumprimento de prazos, leis e regulamentos etc., além de implementar uma estratégia evitando o consumo intenso de recursos para solução de problemas quando estes surgem inesperadamente, bem como a melhoria contínua dos processos organizacionais.

Gestão do risco estratégico
A organização adota o gerenciamento do risco estratégico como um componente vital da gestão de riscos corporativos.

Gestão do risco operacional
A organização implementa e testa controles internos para prevenir, detectar e mitigar a exposição ao risco operacional. É necessário que cada unidade identifique e avalie os seus riscos operacionais e garanta que eles sejam mensurados e gerenciados de forma eficaz.

Risco crítico
A organização descontinuará processos/atividades que apresentem nível de risco classificado como "crítico", de acordo com a metodologia utilizada, salvo nos casos mandatórios, previstos na legislação.

Risco alto
A organização tratará com prioridade os processos/atividades que apresentem nível de risco classificado como "alto".

A figura a seguir traz um exemplo da aplicação dessa declaração de apetite de riscos da organização em relação à gestão dos seus riscos estratégicos.

FIGURA 35 – Exemplo de apetite de riscos e tolerância a riscos para gestão dos riscos estratégicos

Categoria	Métrica	Meta	Apetite	Tolerância
Objetivos estratégicos (OE).	Déficit entre desempenho real *versus* desempenho esperado.	90% de atingimento dos OE.	Baixo.	Variação de 10% da meta.

Fonte: Autor

Depreende-se do exemplo que, em relação ao não atingimento de seus objetivos estratégicos, a organização definiu um apetite de riscos baixo. Dessa forma, a partir da meta de desempenho definida (90% de cumprimento dos objetivos estratégicos), definiu-se uma tolerância a riscos alinhada ao apetite, admitindo-se uma variação de 10% da meta (90), ou seja, pelo menos 81% dos objetivos estratégicos devem ser cumpridos.

Da mesma forma podemos exemplificar a aplicação dessa declaração de apetite de riscos da organização em relação à gestão dos riscos operacionais.

FIGURA 36 – Exemplo de apetite de riscos e tolerância a riscos para gestão dos riscos operacionais

Categoria	Métrica	Meta	Apetite	Tolerância
Atendimento às demandas dos órgãos de controle.	% de demandas atendidas.	100% atendidas no prazo	Baixo.	5% atendidas fora do prazo.

Fonte: Autor

Em relação ao exemplo supra, da mesma forma a organização definiu um apetite de riscos baixo para o não atendimento às deliberações dos órgãos de controle, buscando-se 100% de atendimento no prazo. Entretanto, tolera-se que até 5% dessas demandas sejam atendidas fora do prazo.

CAPÍTULO 7

IDENTIFICANDO RISCOS

O risco é como o fogo: se controlado, ele irá ajudá-lo; se incontrolável, ele se levantará e destruirá você.

Theodore Roosevelt

Tão logo a organização tenha identificado seus objetivos, ela está apta a dar continuidade ao seu processo de gerenciamento de riscos, passando a identificar os riscos que podem fazer com que tais objetivos não sejam atingidos. O reconhecimento de um risco é o primeiro passo para gerenciá-lo e, para que essa gestão seja efetiva e eficiente, a percepção e a previsão de riscos iminentes são requisitos fundamentais. De acordo com Padoveze e Bertolicci (2008), uma acurada definição do risco é elemento crítico para o sucesso da gestão de riscos. Entretanto, conforme alerta o IBGC (2017), sempre existirão riscos desconhecidos pela organização. O processo de identificação e análise geral de riscos deve ser monitorado e continuamente aprimorado.

Segundo o Tribunal de Contas da União (TCU, 2017b), os riscos que ameaçam uma organização são de diferentes naturezas. Os riscos operacionais são eventos que podem comprometer as atividades rotineiras da organização; os riscos legais decorrem de alterações legislativas e normativas que afetam as atividades da organização; os riscos de tecnologia da informação são ameaças que exploram vulnerabilidades dos ativos informacionais da organização; os riscos patrimoniais provocam perdas nos ativos tangíveis e intangíveis da organização; e os riscos de fraude e corrupção são condutas praticadas contra o patrimônio ou os interesses da organização.

Uma organização deve identificar as fontes de risco, áreas de impactos, eventos (incluindo mudanças nas circunstâncias) e suas causas e consequências potenciais. A finalidade desta etapa é gerar uma lista de riscos baseada nestes eventos que possam criar, aumentar, evitar, reduzir, acelerar ou atrasar a realização dos objetivos.

Uma boa gestão de riscos exige um esforço holístico e interdisciplinar, que nos permita identificar uma ampla gama de riscos. Exige, também, um esforço permanente de verificação do ambiente ao qual a organização está inserida, que nos permita detectar e transformar condições de risco (HILL, 2006).

É importante lembrar que nessa fase deve ser realizada uma identificação abrangente, pois um risco que não é identificado nesta etapa não será incluído em análises posteriores. Dessa forma, segundo a ISO 31000, a identificação deve incluir todos os riscos, estando suas fontes sob o controle da organização ou não, mesmo que as fontes ou causas dos riscos possam não ser evidentes.

Segundo a mesma norma, além de identificar o que pode acontecer, ou seja, pensar nos eventos que podem atrapalhar ou ajudar na consecução do seu objetivo, é necessário considerar possíveis causas e cenários que mostrem quais efeitos podem ocorrer, devendo ser consideradas e relacionadas todas as causas e consequências significativas.

Para o Coso GRC, eventos são incidentes ou ocorrências originadas a partir de fontes internas ou externas que afetam a implementação da estratégia ou a realização dos objetivos. Os eventos podem provocar impacto positivo, negativo ou ambos.

Ao identificar os eventos, a administração deve reconhecer que existem determinadas incertezas, mas não sabe se um evento ocorrerá, quando poderá ocorrer, nem o impacto que terá caso aconteça. Inicialmente, a administração considera uma faixa de eventos em potencial, originadas de fontes internas e externas, sem levar em conta se o impacto será favorável ou desfavorável. Desse modo, a administração poderá identificar não apenas eventos com potencial impacto negativo, mas também aqueles que representam oportunidades a serem aproveitadas.

7.1 Categorias de eventos

No momento da identificação dos eventos de riscos, podemos dividi-los em diferentes categorias. As estruturas de gerenciamento de riscos mais conhecidas costumam separar tais eventos em internos e externos. A maior diferença entre eles é que estes decorrem do ambiente externo, não estando totalmente no controle da organização, e aqueles geralmente estão sob o controle da administração, possibilitando muitas vezes que a atuação se dê na causa do risco, objetivando diminuir a probabilidade que o evento de risco aconteça.

A identificação dos fatores externos e internos que o influenciam é útil para a constatação efetiva dos eventos. Uma vez identificados os principais fatores, a administração poderá considerar o seu significado e concentrar-se nos eventos capazes de afetar a realização dos objetivos.

O *Orange Book* (UK, 2004) divide os eventos de riscos externos em seis categorias:

Política
- Mudanças políticas do governo, decisões políticas transversais. Ex.: a saída do Reino Unido da União Europeia pode impactar a balança comercial de outros países. Aqui no Brasil, podemos citar como exemplo a recente mudança de governo devido ao *impeachment* da Presidente Dilma Rousseff. O novo governo acabou com o Ministério da Previdência, sendo este transformado em uma Secretaria do Ministério da Fazenda. Para o antigo Ministério da Previdência, esse foi um evento político externo ao seu controle, que impactou suas atividades.

Econômica
- Eventos relacionados à economia, como alteração de preços, taxa de câmbio, barreiras comerciais etc. Ex.: uma desvalorização do real frente ao dólar impulsiona as exportações, aumentando a procura, por parte das empresas, pelo seguro de crédito à exportação do Governo Federal. De forma análoga, uma valorização cambial leva a um aumento das importações, impactando o trabalho da Receita Federal nas alfândegas, na atividade de desembaraço aduaneiro.

Social
- Mudanças demográficas podem afetar a demanda por serviços. As expectativas das partes interessadas mudam. Ex.: população envelhecendo. Isso leva a um aumento na procura por serviços geriátricos, impactando o orçamento do SUS em relação à prestação desse tipo de atendimento.

Tecnológica
- Obsolescência dos sitemas atuais, levando à necessidade de se adequar às novas tecnologias e incorrendo em custos não programados.

Ambiental
- Refere-se a eventos que podem provocar danos às organizações. Ex.: incêndios, enchentes, terremotos etc. Ex.: *tsunami* em Fukushima, Japão, em 2011. Incêndio no prédio do INSS em Brasília, em 2005.

Legal
- Requisitos em leis que imponham restrições a determinados setores.

Em relação aos eventos internos, segundo o Coso GRC podemos citar fatores como infraestrutura, pessoal, processos e tecnologia. A seguir são apresentados alguns exemplos para cada um desses fatores.

Infraestrutura

As agências reguladoras que fazem atendimento ao público por telefone e/ou internet podem decidir aumentar o orçamento para manutenção preventiva e suporte ao *call center*, reduzindo o tempo de paralisação de equipamentos e aumentando a satisfação do cliente.

Pessoal

Acidentes de trabalho nos órgãos e expiração de acordos de trabalho nas empresas públicas e sociedades de economia mista causam redução de pessoal disponível, danos pessoais, monetários ou à reputação da organização e paralisações da produção.

Processos

Modificações de processos sem alteração e divulgação adequada nos protocolos administrativos, bem como erros de execução desses processos, geram insatisfação dos cidadãos que são afetados direta ou indiretamente por esses processos, como exemplo, a solicitação do Fundo de Garantia do Tempo de Serviço – FGTS.

Tecnologia

O aumento da demanda por determinado serviço por parte da população, como exemplo, a maior procura por títulos públicos do Tesouro Nacional pode fazer com que a organização precise investir mais em tecnologia, preocupando-se com violações da segurança e paralisação, em potencial, de sistemas.

Segundo o *Orange Book* (UK, 2004), a identificação do risco pode ser separada em duas fases distintas, quais sejam:

a) A identificação de *risco inicial*, para uma organização que não identificou previamente seus riscos de forma estruturada, ou para uma nova organização, ou talvez para um novo projeto ou atividade dentro de uma organização. A maior parte das organizações do setor público brasileiro se encontra nessa fase.

b) A identificação de *risco contínua*, que é necessária para identificar novos riscos que não surgiram anteriormente, mudanças nos riscos existentes ou riscos que existiam, mas que deixaram de ser relevantes para a organização.

Para a identificação de riscos geralmente duas abordagens são as mais utilizadas:
a) *Criação de uma comissão, núcleo ou comitê*: é designada uma equipe para levantar todas as operações e atividades da organização em relação aos seus objetivos e identificar os riscos associados. A equipe deve trabalhar realizando uma série de entrevistas com funcionários-chave em todos os níveis da organização. É importante que o uso dessa abordagem não prejudique a compreensão do gestor de suas responsabilidades para gerir os riscos que são relevantes para os seus objetivos, ou seja, a responsabilidade pela gestão de riscos de cada processo continua sendo do dono do processo.
b) *Recomendação de autoavaliação*: uma abordagem pela qual cada segmento da organização é convidado a rever suas atividades e a contribuir com o diagnóstico dos riscos que enfrenta. Isso pode ser feito por meio de questionários, mas muitas vezes é mais efetivamente realizado através de uma abordagem de *workshop* facilitada (com facilitadores com habilidades apropriadas ajudando grupos de agentes públicos a resolver os riscos que afetam seus objetivos). Uma força particular desta abordagem é que uma melhor apropriação do risco tende a ser estabelecida quando os próprios proprietários identificam os riscos. Essa foi a abordagem escolhida pelo Ministério da Fazenda e pelo Ministério do Planejamento, Desenvolvimento e Gestão na implementação da gestão de riscos no âmbito de cada pasta.

7.2 Técnicas

No processo de identificação (e também de avaliação) de riscos podem ser utilizadas diversas técnicas. As comumente mais usadas serão abordadas a partir de agora. Entretanto, independentemente da técnica a ser empregada, o mais importante é que pessoas com o conhecimento adequado do processo ou projeto sejam envolvidas na identificação dos riscos.

Segundo a ISO 31000, a organização deve aplicar ferramentas e técnicas de identificação de riscos que sejam adequadas aos seus objetivos e capacidades e aos riscos enfrentados. Informações pertinentes e atualizadas são importantes na identificação de riscos.

a) Brainstorming

É a mais conhecida e usual das técnicas de coleta de dados. Em tradução livre significa "tempestade cerebral". De maneira jocosa, por vezes é chamada no nosso país de "toró de parpite".

Como fazer

Com a ajuda de um facilitador deve-se reunir uma equipe multidisciplinar, conhecedora do assunto, para que sejam levantados potenciais riscos.

Alguns pontos importantes devem ser lembrados ao se utilizar essa técnica. O *brainstorm* é a oportunidade que muitos presentes têm de opinar sobre o processo que está tendo seus riscos avaliados. Dessa forma, não deve haver censura. Expressões como "isto jamais irá acontecer" ou "isto não tem nada a ver" acabam inibindo os participantes, o que pode levar a uma identificação pobre dos riscos existentes.

Nenhuma ideia deve ser descartada ou considerada errada. Isso porque, em fase posterior, as ideias serão classificadas por categorias, riscos semelhantes poderão ser agrupados, e, por fim, as melhores contribuições serão selecionadas e eventualmente aperfeiçoadas.

É muito comum a utilização de papéis tipo *post-it*, pregados em uma parede ou painel, ou a utilização de um quadro para anotar as ideias.

A pessoa que está coordenando a atividade, também chamado de facilitador, deve ter habilidade em não inibir a formação de ideias, pois o ser humano já tem uma tendência natural de se resguardar, então o clima deve ser propício à criatividade.

b) Método Delphi

Nessa técnica o facilitador prepara um questionário e o envia a diversos especialistas, também chamados de peritos, os quais responderão de forma anônima.

A técnica Delphi é especialmente útil quando precisamos fazer previsões de longo prazo ou quando o que está em avaliação é uma situação nova e em relação à qual a opinião de especialistas é a única fonte de informação disponível.

Como fazer

O método consiste basicamente na organização de um grupo de especialistas/peritos que são consultados sobre uma série de questões, as quais serão respondidas de modo intuitivo. Um resumo dos resultados é apresentado a cada um dos respondentes que, após tomarem conhecimento, respondem novamente, caracterizando a interação do método, que busca a convergência de opiniões. Essas interações se sucedem até que um consenso ou quase consenso seja obtido.

Vantagens
- É adequado para a busca de consenso entre especialistas.
- O anonimato procura reduzir a influência de um participante sobre o outro, impedindo que se comuniquem durante a realização do painel.
- Não requer presença física, pode ser feito virtualmente.

Desvantagens
- É mais demorado.
- Pouca objetividade. A informação tende a ser mais qualitativa e menos quantitativa.
- O facilitador tem que ter bom conhecimento do assunto, para poder adequadamente sintetizar as respostas, e submetê-las novamente aos especialistas.

c) Análise SWOT

Depois do *brainstorming*, talvez seja a técnica mais conhecida.

O termo SWOT é um acrônimo das palavras em inglês **S**trenghts, **W**eakness, **O**pportunities e **T**hreats, que significam **F**orças, **F**raquezas, **O**portunidades e **A**meaças. Por essa razão, é comum no Brasil algumas pessoas se referirem a essa técnica como FOFA.

Como fazer

É interessante reunir o grupo de tomadores de decisões e figuras-chave da organização para um momento de *brainstorming*, no qual todos possam colaborar igualmente, e de preferência em um ambiente que possibilite a redução de filtros na fala, conforme vimos na primeira técnica.

Os participantes devem pensar nas forças, fraquezas, ameaças e oportunidades do processo ou projeto analisado e elencarem os itens em um quadro dividido em 4 quadrantes, conforme figura a seguir.

FIGURA 37 – Matriz SWOT

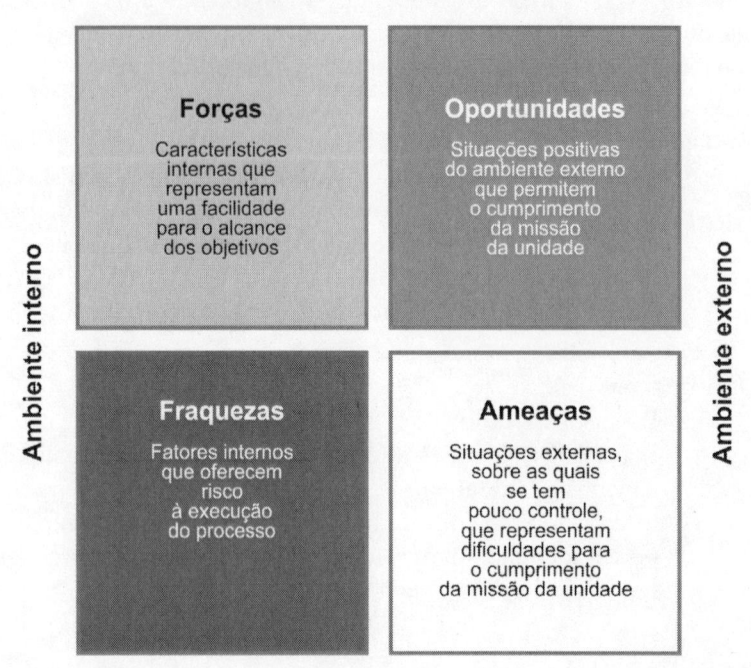

Ambiente interno

Forças
Características internas que representam uma facilidade para o alcance dos objetivos

Fraquezas
Fatores internos que oferecem risco à execução do processo

Ambiente externo

Oportunidades
Situações positivas do ambiente externo que permitem o cumprimento da missão da unidade

Ameaças
Situações externas, sobre as quais se tem pouco controle, que representam dificuldades para o cumprimento da missão da unidade

Fonte: Brasil (2017c)

Pontos a serem considerados em cada um dos quadrantes:
- *Forças*: fatores positivos; elementos internos, que estão sob o controle da organização; recursos intangíveis, como qualidade dos servidores, carreira consolidada etc.
- *Fraquezas*: fatores negativos; elementos internos; áreas com fragilidades e deficiência de capital humano qualificado; tecnologias obsoletas etc.
- *Oportunidades*: fatores positivos; elementos externos, além do controle da empresa; situações do ambiente externo que podem influenciar positivamente a organização.
- *Ameaças*: fatores negativos; elementos externos; alta dependência de fornecedores exclusivos etc.

d) Análise de causa-raiz (RCA)

Segundo a ISO 31010, para evitar a recorrência de uma grande perda, sua análise é comumente referida como análise de causa-raiz (RCA), análise de falhas de causa-raiz (RCFA) ou análise da perda.

A RCA é focada nas perdas dos ativos devidas a vários tipos de falhas, enquanto a análise da perda está relacionada principalmente às perdas financeiras ou econômicas devido a fatores externos ou catástrofes. Esta análise tenta identificar a raiz ou causas originais em vez de lidar somente com os sintomas imediatamente óbvios.

A RCA é mais frequentemente aplicada para a avaliação de uma grande perda, mas também pode ser utilizada para analisar as perdas de uma forma mais global a fim de determinar onde as melhorias podem ser efetuadas. Algumas grandes áreas de uso dessa técnica são investigações de acidentes e de saúde. É focada em processos de negócio.

Como fazer

Quando a necessidade da utilização dessa técnica for identificada, um grupo de especialistas é apontado para realizar a análise e fazer recomendações. Embora diferentes métodos possam ser utilizados para realizar a análise, as etapas básicas na execução de uma RCA são similares e incluem:
– Formar uma equipe.
– Estabelecer o escopo e os objetivos da RCA.
– Coletar dados e evidências da falha ou perda.
– Realizar uma análise estruturada para determinar a causa-raiz.
– Desenvolver soluções e fazer recomendações.
– Implementar as recomendações.
– Verificar o sucesso das recomendações implementadas.

As técnicas de análise estruturada podem consistir em procedimentos como: utilização da técnica dos "5 porquês", ou seja, repetidamente perguntar "por quê?" para remover camadas da causa e subcausa; mapeamento da causa-raiz; utilização de diagramas de espinha de peixe ou Ishikawa, que veremos a seguir, entre outros.

Vantagens
– Envolvimento de especialistas aplicáveis trabalhando em um ambiente de equipe.
– Análise estruturada.
– Consideração de todas as hipóteses prováveis.
– Documentação dos resultados.
– Necessidade de produzir recomendações finais.

Desvantagens
- Especialistas necessários podem não estar disponíveis.
- Evidências críticas podem ser destruídas na falha ou removidas durante a limpeza.
- A equipe pode não ter à disposição tempo ou recursos suficientes para uma avaliação completa da situação.
- Pode não ser possível implementar adequadamente as recomendações.

e) Análise de causa e efeito, também chamada de diagrama de Ishikawa

Também abordada na ISO 31010, a análise de causa e efeito é um método estruturado para identificar as possíveis causas de um evento ou problema indesejado. Ele organiza os possíveis fatores contributivos em categorias amplas de modo que todas as hipóteses possíveis possam ser consideradas. Entretanto, por si só não aponta para as causas reais, já que estas somente podem ser determinadas por evidência real e testes empíricos de hipóteses. A informação é organizada em diagramas de espinha de peixe (também chamados de Ishikawa).

O diagrama de espinha de peixe é estruturado separando as causas em categorias principais (representadas pelas linhas que saem da espinha dorsal do peixe) com ramificações e sub-ramificações que descrevem as causas mais específicas nestas categorias.

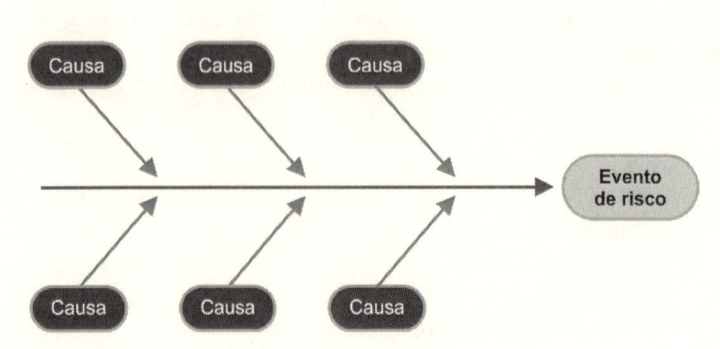

FIGURA 38 – Diagrama de Ishikawa

Fonte: Autor

A análise de causa e efeito fornece uma visualização gráfica estruturada de uma lista de causas para um efeito específico. O efeito pode ser positivo (um objetivo) ou negativo (um problema), dependendo do contexto. É comum a utilização do efeito como sendo os eventos de risco, conforme figura anterior. Exemplificando:

FIGURA 39 – Exemplo de diagrama de Ishikawa

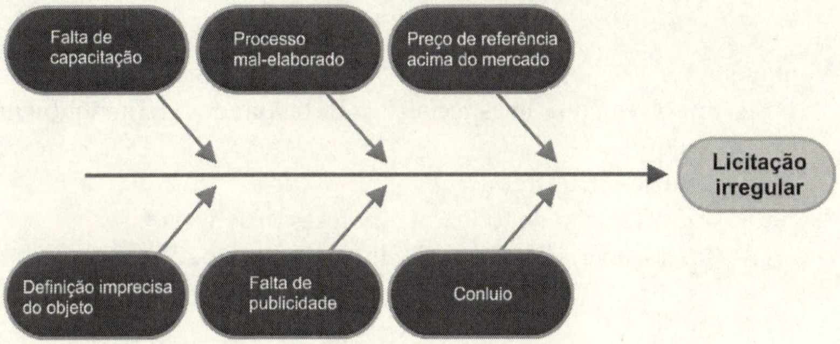

```
    Falta de         Processo           Preço de referência
   capacitação     mal-elaborado         acima do mercado
        \               |                      /
         \              |                     /
          ↘             ↓                    ↙
    ─────────────────────────────────────────→  Licitação
          ↗             ↑                    ↖   irregular
         /              |                     \
        /               |                      \
  Definição imprecisa   Falta de             Conluio
     do objeto         publicidade
```

Fonte: Autor

É utilizada para permitir a consideração de todos os cenários e causas possíveis gerados por uma equipe de especialistas e permite que o consenso seja estabelecido quanto às causas mais prováveis que podem ser testadas empiricamente ou pela avaliação de dados disponíveis. É mais vantajosa no início de uma análise para ampliar a reflexão sobre as possíveis causas e, em seguida, para estabelecer as potenciais hipóteses que podem ser consideradas mais formalmente.

Como fazer
A análise de causa e efeito deve ser realizada por uma equipe de especialistas com conhecimento no problema que requer solução.
As etapas básicas na realização de uma análise de causa e efeito são as seguintes:
– Estabelecer o efeito a ser analisado e colocá-lo em uma caixa.
– Determinar as principais categorias de causas representadas por caixas no diagrama de espinha de peixe. Normalmente, as categorias podem ser pessoas, legislação, ambiente, processos etc., entretanto, elas devem ser escolhidas para se adequarem ao contexto específico.

- Preencher as possíveis causas para cada categoria principal com ramificações e sub-ramificações para descrever a relação entre elas.
- Continuar perguntando "por quê?" ou "o que causou isto?" para conectar as causas.
- Analisar criticamente todas as ramificações para verificar a consistência e a completude e para assegurar que as causas se aplicam ao efeito principal.
- Identificar as causas mais prováveis com base na opinião da equipe e evidências disponíveis.

Vantagens
- Envolvimento de especialistas trabalhando em um ambiente de equipe.
- Análise estruturada.
- Consideração de todas as hipóteses prováveis.
- Ilustração gráfica de fácil leitura dos resultados.
- Identificação de áreas nas quais dados adicionais são necessários.
- Identificação dos fatores contributivos para os efeitos pretendidos, bem como os não pretendidos. Adotar um enfoque positivo sobre um tema pode encorajar uma maior apropriação e participação.

Desvantagens
- A equipe pode não ter a especialização necessária.
- Não ser um processo completo por si só e precisar ser parte de uma análise de causa-raiz para produzir recomendações.
- É uma técnica de exibição das causas para *brainstorming* mais do que uma técnica de análise em separado.
- A separação de fatores causais em categorias principais no início da análise significa que as interações entre as categorias podem não ser consideradas de forma adequada, por exemplo, quando a falha do equipamento for causada por erro humano, ou problemas humanos forem causados por projeto deficiente.

f) Análise *bow tie*

Particularmente, é a técnica que mais gosto e utilizo. Segundo a ISO 31010, a análise *bow tie* (gravata borboleta) é uma maneira esquemática simples de descrever e analisar os caminhos de um risco desde as causas até as consequências.

O foco da *bow tie* está nas barreiras entre as causas e o risco, e o risco e as consequências. Diagramas de *bow tie* são mais frequentemente desenhados diretamente a partir de uma sessão de *brainstorming*.

Como fazer

A análise *bow tie* é utilizada para representar um risco que possui uma gama de possíveis causas e consequências. É utilizada quando o foco estiver mais em assegurar que existe uma barreira ou controle para cada caminho de falha. É útil quando há caminhos claros independentes levando à falha.

A análise *bow tie* é muitas vezes mais fácil de entender do que outras técnicas e, portanto, pode ser uma ferramenta de comunicação útil.

A *bow tie* é desenhada conforme figura a seguir:

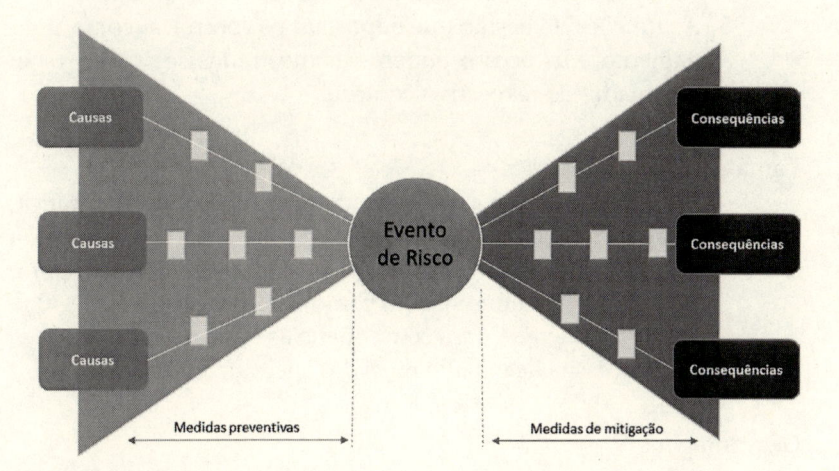

FIGURA 40 – *Bow tie*

Fonte: Brasil (2017c)

1. Primeiramente, um risco específico é identificado para análise e representado como o nó central de uma *bow tie*.
2. Em seguida, as causas do evento são listadas considerando as fontes de risco (ou perigos em um contexto de segurança).

3. O mecanismo pelo qual a fonte de risco leva ao evento crítico é identificado.
4. Linhas são traçadas entre cada causa e o evento formando o lado esquerdo da *bow tie*. Os fatores que podem levar a uma intensificação podem ser identificados e incluídos no diagrama.
5. As barreiras que evitariam que cada causa leve a consequências não desejadas podem ser mostradas como barras verticais cruzando a linha. Onde havia fatores que poderiam causar intensificação, as barreiras para a intensificação também podem ser representadas. A abordagem pode ser utilizada para consequências positivas, em que as barras refletem os "controles" que estimulam a geração do evento.
6. No lado direito da *bow tie* diferentes consequências potenciais do risco são identificadas e linhas são desenhadas para irradiar do evento de risco para cada consequência potencial.
7. As barreiras para a consequência são representadas como barras que cruzam as linhas radiais. A abordagem pode ser utilizada para efeitos positivos, em que as barras refletem os "controles" que suportam a geração das consequências.
8. As funções de gestão que suportam os controles (como treinamento e inspeção) podem ser mostradas sob a *bow tie* e vinculadas ao respectivo controle.

Vantagens
- É simples de entender e fornece uma representação gráfica clara do problema.
- Foca a atenção nos controles supostamente existentes para prevenção e atenuação, bem como sua eficácia.
- Pode ser utilizada para consequências desejáveis.
- Não necessita de um alto nível de especialização para utilizar.

Desvantagens
- Não pode ser representada onde múltiplas causas ocorrem simultaneamente para resultar nas consequências.
- Pode simplificar demasiadamente situações complexas.

Chegamos ao final de mais um capítulo. Nele vimos que os eventos que podem influenciar no atingimento dos objetivos de determinado processo ou projeto podem ser externos, fora do controle da organização, e internos, geralmente mais controláveis. Também vimos as principais técnicas para identificação e avaliação de riscos, destacando suas vantagens e desvantagens.

Antes de passarmos ao próximo capítulo, que corresponderá à etapa de *avaliação de riscos* do ciclo do processo de gerenciamento de riscos, vamos à *dica prática*!

Dica prática!

- O risco não pode ser descrito como ausência de controle. Por exemplo, para um processo de inventário de bens, o risco não é "falta de segregação de funções", mas sim "apropriação indevida de bens".
- O risco não deve ser descrito simplesmente como o não alcance do objetivo. A descrição do risco deve prover *insights* sobre o que pode dar errado no processo.
- Nas organizações que possuem uma área responsável pelo fomento e implementação da gestão de riscos, possivelmente essa área ou pessoal será responsável pela facilitação.
- Defina qual tipo de técnica será utilizada (sessões presenciais, questionários, entrevistas individuais etc.).
- Avalie quanto tempo está sendo alocado no projeto para essa etapa do gerenciamento de riscos, bem como quantos facilitadores serão necessários.
- Se a opção for a realização de um encontro presencial, faça uma preparação adequada antes da sessão, garantindo que pessoas que entendam do processo que terá seus riscos identificados, não importando o nível hierárquico de cada indivíduo, estarão presentes à sessão.
- O facilitador deve fazer uma breve apresentação do projeto, relembrando o ambiente de controle avaliado e os objetivos do processo ou projeto que terá os riscos identificados.
- Tente manter o grupo focado. O grupo deve estar livre para definir e discutir os assuntos conforme ele julgar apropriado,

mas isso pode levar à perda de foco. É papel do facilitador "trazer o grupo de volta" ao processo de identificação de riscos.
- Estimule a participação do grupo. Principalmente quando há uma pessoa hierarquicamente superior às outras no grupo, alguns integrantes podem se sentir desconfortáveis em dar sua opinião. Caso isso aconteça, avalie se a presença do chefe é imprescindível na sala.
- Controle o tempo, tentando manter-se dentro da agenda programada.
- Elabore uma ata a ser assinada por todos os presentes. Ela deverá conter, pelo menos, data, local, participantes, método utilizado e eventual discordância individual que algum integrante queira deixar registrado em ata.
- Se a opção for a elaboração de um questionário, atente aos seguintes aspectos:
- As perguntas devem ser concisas e declaradas em termos simples.
- As perguntas devem ser livres de jargões e termos técnicos desnecessários.
- Não deve haver perguntas em excesso (até 35 perguntas é considerado aceitável por boa parte da doutrina).
- As perguntas não devem levar os participantes em direção a uma resposta particular.

CAPÍTULO 8

AVALIANDO RISCOS

Nem tudo o que pode ser contado conta, e nem tudo o que conta pode ser contado.

Albert Einstein

Até o momento já aprendemos como avaliar o ambiente em que uma organização está inserida, bem como identificar os principais aspectos que devem ser reforçados para que tenhamos uma base sólida para a implementação da gestão de riscos. Também já vimos que, antes de falarmos de eventos que podem impactar, positiva ou negativamente, nossos objetivos, precisamos defini-los. Agora chegou a hora de avaliarmos os riscos identificados.

Considerando que um risco pode colocar em perigo os objetivos do processo ou projeto e, em última instância, do próprio planejamento estratégico, devemos nos questionar: o que pode dar errado? O que fazer para me proteger dos riscos?

A finalidade da avaliação de riscos é auxiliar na tomada de decisões com base nos resultados da análise de riscos, sobre quais riscos necessitam de tratamento e a prioridade para a implementação do tratamento. Essa etapa envolve comparar o nível de risco com os critérios de risco estabelecidos quando o contexto foi considerado, para determinar se o nível de risco é aceitável ou se algum tratamento é exigido (ABNT, 2018).

A avaliação de riscos deve ser feita para cada risco identificado, a partir da mensuração da probabilidade do evento de risco se concretizar e do impacto caso esse risco se realize, devendo-se utilizar parâmetros consistentes que possibilitarão o desenvolvimento de um mapa de riscos. Segundo Padoveze e Bertolicci (2008), "probabilidade representa a possibilidade de um dado evento ocorrer, enquanto impacto representa seu efeito".

O *Orange Book* (UK, 2004) prevê que, em alguns casos, uma matriz com as categorias *alto*, *médio* e *baixo* para cada eixo (probabilidade e impacto) pode ser suficiente, o que resultaria em uma matriz 3x3. Entretanto, uma escala mais detalhada pode ser apropriada e frequentemente tem-se utilizado uma matriz 5x5. Nesse caso, a escala de impacto costuma apresentar as categorias *insignificante, menor, moderado, maior* e *catastrófico*, e a escala de probabilidade, *raro, improvável, possível, provável* e *quase certo*.

Não há um padrão absoluto para a escala de matrizes de risco, cabendo à organização chegar a um julgamento sobre o nível de análise que considera mais praticável para suas circunstâncias. Frequentemente tem-se utilizado cores para esclarecer melhor o significado dos riscos (UK, 2004).

Boa parte da doutrina de gestão de riscos entende que estimativas para probabilidade e impacto são geralmente determinadas a partir da observação de eventos passados, que podem oferecer uma base mais objetiva do que estimativas inteiramente subjetivas. Entretanto, alguns autores têm questionado isso. Taleb e Spitznagel (2014), por exemplo, sustentam que o gerente de risco erra ao olhar no retrovisor para enxergar o futuro. Em pesquisa realizada por eles, eventos passados não guardam qualquer relação com choques futuros. Os autores argumentam que não havia precedentes para acontecimentos como a 1ª Guerra Mundial e os ataques de 11 de setembro de 2001, o mesmo valendo para o comportamento das bolsas.

É comum ouvirmos gerentes de risco tentarem se justificar com frases do tipo "isso não tem precedentes". O que acham é que, com o devido esforço, é possível encontrar precedente para qualquer coisa e prever tudo. Só que é quase impossível prever um "cisne negro".[1] Em vez de insistir na ilusão de que dá para antever o futuro, o gerente de risco deve tentar reduzir o impacto de ameaças que fogem à compreensão.

Independentemente da forma de observação dos eventos, a administração deve analisar os riscos identificados para estimar sua significância, o que irá fornecer uma base para responder aos riscos, assunto que será tratado no próximo capítulo. Significância refere-se ao efeito

---

[1] "Cisne negro" é o nome dado a eventos de baixa probabilidade e alto impacto. Ex.: atentado às torres gêmeas em Nova Iorque.

na consecução de um objetivo definido (GAO, 2014). Exemplificando: se a probabilidade de um evento de risco acontecer for alta e o impacto desse evento no meu objetivo, caso se concretize, também, teremos uma significância, também chamada de nível de risco, muito alta.

Ainda segundo o GAO (2014), a administração estima a significância de um risco considerando a magnitude do impacto, a probabilidade de ocorrência e a natureza do risco. A magnitude do impacto é afetada por fatores como o tamanho, o ritmo e a duração do impacto do risco. A probabilidade de ocorrência refere-se ao nível de possibilidade de um risco ocorrer. Já a natureza do risco envolve fatores como o grau de subjetividade envolvido com o risco e se o risco decorre de fraude ou de transações complexas ou incomuns.

Existem três princípios importantes na avaliação de risco (UK, 2004):
- Assegure que existe um processo claramente estruturado em que tanto a probabilidade como o impacto são considerados para cada risco.
- Registre a avaliação de risco de forma a facilitar o monitoramento e a identificação das prioridades de risco.
- Deixe clara a diferença entre o risco inerente e residual.

O propósito dessa fase é compreender a natureza do risco e suas características, incluindo o nível de risco, onde apropriado. Envolve a consideração detalhada de incertezas, fontes de risco, consequências, probabilidade, eventos, cenários, controles e sua eficácia. Um evento pode ter múltiplas causas e consequências e pode afetar múltiplos objetivos. A análise de riscos pode ser realizada com vários graus de detalhamento e complexidade, dependendo do propósito da análise, da disponibilidade e confiabilidade da informação, e dos recursos disponíveis. As técnicas de análise podem ser qualitativas, quantitativas ou uma combinação destas, dependendo das circunstâncias e do uso pretendido (ABNT, 2018). Veremos mais detalhes sobre fatores a serem considerados na nossa *dica prática*, ao final do capítulo.

Da mesma forma como vimos na etapa *identificação de riscos*, para a avaliação de riscos comumente é utilizada a técnica de facilitação, com sessões presenciais. Nesse tipo de abordagem é importante que o facilitador possibilite aos participantes chegarem às suas próprias conclusões, sem influência do facilitador, que tem a responsabilidade de ajudar a fazer as coisas acontecerem, ou seja, alcançarem o resultado proposto.

FIGURA 41 – Estágios de sessão de facilitação

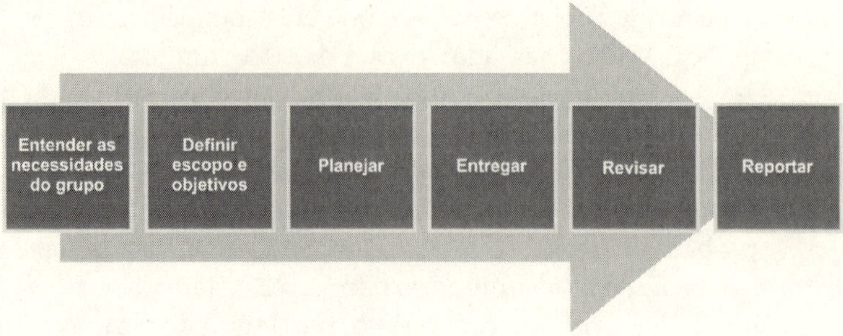

[Entender as necessidades do grupo → Definir escopo e objetivos → Planejar → Entregar → Revisar → Reportar]

Fonte: Autor, adaptado de IIA (2013a).

8.1 Risco inerente x risco residual

Antes de passarmos para a matriz de riscos e suas considerações, nessa etapa do gerenciamento de riscos é fundamental que as diferenças entre risco inerente e residual sejam esclarecidas.

Risco inerente é o risco que uma organização terá de enfrentar na falta de medidas que a administração possa adotar para alterar a probabilidade ou o impacto dos eventos. Já o risco residual é aquele que ainda permanece após a resposta da administração (COSO, 2007).

O Tribunal de Contas da União define, em seu *Roteiro de auditoria de gestão de riscos* (TCU, 2017a), risco inerente como o nível de risco antes da consideração de qualquer ação de mitigação, sendo o risco residual o nível de risco depois da consideração das ações adotadas pela gestão (por exemplo, controles internos) para reduzir o risco inerente.

Já a Instrução Normativa Conjunta MP/CGU nº 1/2016 (BRASIL, 2016a) define risco inerente como o risco a que uma organização está exposta sem considerar quaisquer ações gerenciais que possam reduzir a probabilidade dos riscos ou seu impacto. Essa mesma norma conceitua risco residual como aquele risco a que uma organização está exposta após a implementação de ações gerenciais para o tratamento do risco.

De maneira simples e direta, para avaliarmos o risco inerente, segundo as definições citadas, devemos desconsiderar quaisquer controles e/ou ações existentes no processo ou projeto avaliado. Após as ações mitigadoras de riscos, o que sobra é chamado de risco residual.

A análise de riscos só se completa quando as ações que a gestão adota para responder a eles são também avaliadas, chegando-se ao nível de risco residual, o risco que remanesce depois de considerado o efeito das respostas adotadas pela gestão para reduzir a probabilidade e/ou impacto dos riscos, incluindo controles internos e outras ações.

A perspectiva obtida a partir da análise de risco inerente e residual, conjuntamente a uma consideração dos níveis de apetite de risco e tolerância da entidade, influencia a gestão na escolha de resposta ao risco, ou seja, onde a entidade pretende direcionar seus esforços e recursos para a gestão de risco para um nível aceitável de risco residual (KPMG; MIOD, 2015).

Embora diversas estruturas de gerenciamento de riscos prevejam a necessidade de avaliação do risco inerente, isso não é consenso na doutrina. A ISO 31000, por exemplo, não traz o conceito de risco inerente, considerando apenas o risco residual, que é aquele remanescente após o tratamento do risco.

8.2 Matriz de riscos

Para ilustrar melhor essa etapa do gerenciamento de riscos, utilizaremos uma versão simplificada da matriz 5x5 retirada do modelo de gestão de riscos do Ministério do Planejamento, Desenvolvimento e Gestão (BRASIL, 2017c), que por sua vez foi baseado no documento *The audit committee's role in control and management of risk* (KPMG; MIoD, 2015).

Os eventos de riscos identificados devem ser avaliados sob a perspectiva de impacto e probabilidade, considerando as possíveis causas e consequências levantadas. Normalmente, as causas se relacionam à probabilidade de o evento ocorrer e às consequências ao impacto, caso o evento se materialize.

A matriz de riscos é uma ferramenta que classifica qualitativamente os pesos de impacto e probabilidade. A matriz em tela foi particionada em quatro áreas, as quais caracterizam os níveis de riscos em *pequeno*, *moderado*, *alto* e *crítico*, bem como foram utilizadas cinco escalas de impacto e de probabilidade.

FIGURA 42 – Matriz de riscos

IMPACTO		1 Muito baixa	2 Baixa	3 Possível	4 Alta	5 Muito alta
Catastrófico	5	Risco Moderado	Risco Alto	Risco Crítico	Risco Crítico	Risco Crítico
Grande	4	Risco Moderado	Risco Alto	Risco Alto	Risco Crítico	Risco Crítico
Moderado	3	Risco Pequeno	Risco Moderado	Risco Alto	Risco Alto	Risco Crítico
Pequeno	2	Risco Pequeno	Risco Moderado	Risco Moderado	Risco Alto	Risco Alto
Insignificante	1	Risco Pequeno	Risco Pequeno	Risco Pequeno	Risco Moderado	Risco Moderado

PROBABILIDADE

Fonte: Brasil (2017c).

De modo geral, pois isso depende do apetite de riscos definido pela organização, considera-se que os eventos de riscos situados nos quadrantes definidos como risco alto e risco crítico são indicativos de necessidade de ações mitigadoras mais rígidas, enquanto os riscos situados nos quadrantes de risco pequeno e moderado seriam um indicativo de ações mais moderadas. Devemos ressaltar também que, em alguns casos, não há necessidade de implementar qualquer ação. É o que chamamos de "aceitar" o risco, o que veremos em outro capítulo.

Os níveis de riscos são delimitados com base no resultado da combinação de pesos das duas perspectivas: probabilidade e impacto. Para cada uma delas foram definidos os pesos e as suas descrições.

Escala de probabilidade

Nesta perspectiva o gestor poderá atribuir um dos seguintes pesos para a frequência observada/esperada do evento, considerando as definições a seguir.

TABELA 1 – Escala de probabilidade

Peso	Escala	Frequência observada/esperada	Descrição
5	Muito alta	>= 90%	O evento é esperado na maioria das circunstâncias.
4	Alta	>= 50% < 90%	O evento provavelmente ocorre na maioria das circunstâncias.
3	Possível	>= 30% < 50%	O evento deve ocorrer em algum momento.
2	Baixa	>= 10% < 30%	O evento pode ocorrer em algum momento.
1	Muito baixa	< 10%	O evento pode ocorrer apenas em circunstâncias excepcionais.

Fonte: Brasil (2017c)

Escala de impacto

Nesta perspectiva, após o julgamento, o gestor poderá atribuir um dos pesos a seguir, considerando as respectivas definições.

TABELA 2 – Escala de impacto

Peso	Escala	Descrição
5	Catastrófico	O impacto ocasiona colapso às ações de gestão, a viabilidade estratégica pode ser comprometida.
4	Grande	O impacto compromete acentuadamente às ações de gestão, os objetivos estratégicos podem ser fortemente comprometidos.
3	Moderado	O impacto é significativo no alcance das ações de gestão.
2	Pequeno	O impacto é pouco relevante ao alcance das ações de gestão.
1	Insignificante	O impacto é mínimo no alcance das ações de gestão.

Fonte: Brasil (2017c)

Nível de risco

O nível de risco expressa a magnitude de determinado evento de risco, em termos da combinação de seu impacto e probabilidade de ocorrência. Cada nível de risco está representado por uma área com tonalidade específica na matriz. Cada área possui um intervalo de resultados em função do cálculo dos pesos atribuídos para a perspectiva "impacto" (eixo y) e "probabilidade" (eixo x).

TABELA 3 – Escala de nível de risco

Nível	Pontuação
Risco crítico	>= 15 <= 25
Risco alto	>= 8 <= 12
Risco moderado	>= 4 <= 6
Risco pequeno	>= 1 <= 3

Fonte: Brasil (2017c)

Reparem que a organização pode mexer na pontuação de cada nível para melhor adequá-la ao seu apetite de risco, conforme vimos no capítulo 6, figuras 27 e 28. Por exemplo, se o apetite de risco for maior que o apresentado na tabela anterior, a organização pode definir como risco crítico apenas pontuações iguais ou superiores a 20, e não 15. Da mesma forma o risco alto pode ser definido para pontuações entre 12 e 20, e não entre 8 e 12. Assim, organizações com diferentes apetites de risco podem utilizar a mesma matriz.

Exemplificando

Imagine que você é gestor em um município que recebeu recursos da União por meio de convênio para a construção de uma creche e está avaliando os riscos da execução desse instrumento (visão da prefeitura), tendo identificado o seguinte evento de risco, bem como uma causa e uma consequência:

Evento de risco	Causa	Consequência
Prestação de contas insuficiente	Despreparo do servidor responsável pelo envio da documentação	Instauração de tomada de contas especial – TCE

Identificado o evento de risco, você e sua equipe deverão avaliar a probabilidade de que ele aconteça, a partir da tabela 1 explicada anteriormente.

Em discussão com a equipe, e levando em consideração a causa que identificaram, vocês chegam à conclusão de que é possível que esse evento aconteça, estando a probabilidade entre 30% e 50%. Dessa forma, atribuem nota 3 para a probabilidade.

Já em relação ao impacto, concluem que seria catastrófico se esse evento de riscos se concretizasse, uma vez que a imagem do município, bem como dos gestores, seria bastante atingida em caso de instauração de uma TCE, além das consequências financeiras disso. Dessa forma, atribuem nota 5 para o impacto.

Realizada essa avaliação, temos que o nível de risco para esse evento é 15 (3x5), o que sinalizaria tratar de um risco crítico, conforme tabela 3.

Dica prática!

- Em sessões presenciais, boa parte das dicas são as mesmas vistas no capítulo anterior.
- Para ajudar na atribuição de pesos, tanto para o impacto como para a probabilidade, os participantes poderão valer-se de abordagens como entrevistas, opinião de participantes, dados históricos, por exemplo, além das escalas numéricas, das definições e das orientações previstas para a matriz de riscos.
- É importante que seja definida a metodologia utilizada para se chegar às notas dadas para impacto e probabilidade. Pode-se procurar buscar o consenso do grupo, mas nem sempre isso é praticável. Dessa forma, uma saída é escolher entre maioria, média ou mediana. É importante que essa escolha fique registrada em ata.
- Se a metodologia de sua organização contempla a avaliação do risco inerente, após a utilização da matriz de riscos deve ser realizada a avaliação dos controles já existentes no processo que está sendo avaliado (abordada no próximo capítulo). Em seguida o grupo deverá voltar à matriz de riscos para fazer nova avaliação, agora do risco residual, ou seja, considerando os controles já existentes.
- Caso a metodologia de sua organização tenha optado por não avaliar o risco inerente, ao utilizar a matriz de riscos já considere a avaliação dos controles internos existentes no processo objeto da avaliação de riscos.

CAPÍTULO 9

TRATANDO RISCOS

Tudo na vida é administração de risco, não sua eliminação.

Walter Wiston

Quando a avaliação de riscos é comparada ao apetite de riscos definido pela organização, a extensão da ação necessária torna-se clara. Não é o valor absoluto de um risco avaliado que é importante, mas se o risco é ou não tolerável. A organização deve projetar respostas aos riscos analisados para que os riscos estejam dentro da tolerância a riscos definida para cada objetivo (GAO, 2014).

Como vimos em capítulo anterior, no nível organizacional a definição de apetite de riscos pode se tornar complicada, mas quando estamos diante de um nível de risco específico, é mais provável que um nível de exposição aceitável possa ser definido em termos de um impacto tolerável, caso aquele evento de risco se concretize, e uma frequência tolerável dessa ocorrência. É contra isso que o risco residual deve ser comparado para decidir se é necessária ou não uma ação adicional.

Segundo a ISO 31000 (ABNT, 2018), o tratamento de riscos envolve a seleção de uma ou mais opções para modificar os riscos e a implementação dessas opções. Deve-se balancear os benefícios potenciais derivados em relação ao alcance dos objetivos, face aos custos, esforço ou desvantagens da implementação.

Ainda, segundo essa norma, as opções de tratamento de riscos não são necessariamente mutuamente exclusivas ou adequadas em todas as circunstâncias. Elas podem incluir os seguintes aspectos:

a) ação de evitar o risco ao decidir não iniciar ou descontinuar a atividade que dá origem ao risco;
b) assunção ou aumento o risco de maneira a perseguir uma oportunidade;
c) remoção da fonte de risco;
d) alteração da probabilidade;
e) alteração das consequências;
f) compartilhamento do risco com outra parte ou partes; e
g) retenção do risco por uma decisão fundamentada.

De maneira geral há um consenso entre as possíveis respostas aos riscos avaliados, reconhecendo que pode haver variações de nomenclatura entre algumas das principais estruturas de gerenciamento de riscos.

9.1 Resposta aos riscos

Riscos podem ser gerenciados mudando-se a natureza de suas consequências e/ou a probabilidade de que determinada consequência ocorra (HILL, 2003).

> **Exemplificando**
>
> Imagine que você vai viajar de férias para esquiar e quer mitigar o risco de queda em uma montanha. Você poderá gerenciar o risco de essa queda acontecer, atuando na causa (descer pistas menos íngremes) ou no impacto caso a queda ocorra (utilizar equipamentos de proteção adequados).

Como vimos, selecionar a opção mais adequada de tratamento de riscos envolve equilibrar, de um lado, os custos e os esforços de implementação e, de outro, os benefícios decorrentes, relativos a requisitos legais, regulatórios ou quaisquer outros, tais como o da responsabilidade social e o da proteção do ambiente natural (ABNT, 2018). As decisões também levam em consideração os riscos que demandam um tratamento economicamente não justificável, como exemplo, riscos severos (com grande consequência negativa), porém raros (com probabilidade muito baixa).

FIGURA 43 – Opções de resposta a riscos

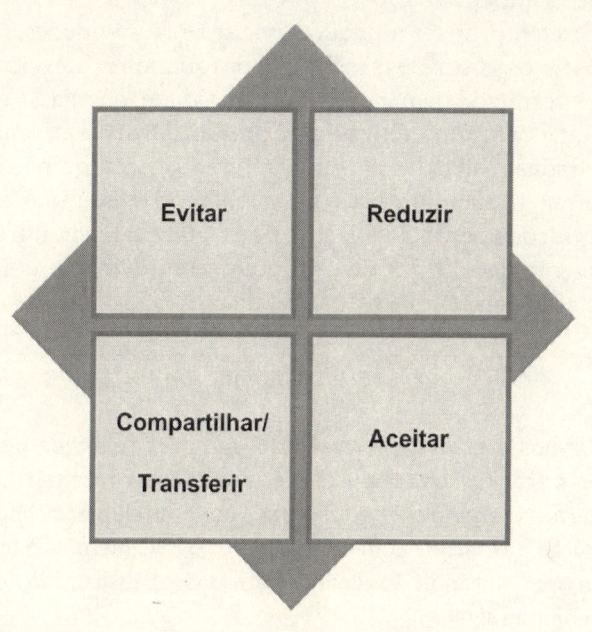

- Evitar
- Reduzir
- Compartilhar/Transferir
- Aceitar

Fonte: Autor

Evitar

A escolha dessa opção sugere que nenhuma outra opção de resposta tenha sido identificada para reduzir o impacto e a probabilidade a um nível aceitável.

Para o Coso GRC, essa resposta significa a descontinuação das atividades que geram os riscos. É a decisão de não se envolver ou agir de forma a se retirar de uma situação de risco (IBGC, 2017). Na mesma linha, o GAO (2014) entende que, ao escolher essa resposta, uma ação deve ser tomada para parar o processo operacional (ou parte dele) que gera riscos.

O *Orange Book* (UK, 2004) menciona que alguns riscos só serão tratáveis ou contidos em níveis aceitáveis se a organização encerrar aquela atividade. Esta opção pode ser particularmente importante na gestão de projetos, seja no setor público ou privado, se ficar claro que a relação benefício-custo projetada está em perigo.

É importante dizer que a opção de encerramento de atividades pode ser severamente limitada no setor governamental quando comparada ao setor privado. É fácil entender que geralmente está sob o controle de uma empresa decidir pela descontinuação de uma linha de produtos ou se é melhor zerar a posição de um investimento que se tornou arriscado demais.

Entretanto, no setor público uma série de atividades é realizada porque os riscos associados são tão grandes que não existe outra maneira de obter o resultado demandado pela sociedade, ou seja, se o governo não prestar esse serviço, ninguém irá prestar. Além disso, a maior parte das atividades realizadas no setor público são determinações legais. Dessa forma, um auditor fiscal do trabalho, por exemplo, não pode, mesmo que considere a fiscalização de empresas algo muito arriscado, simplesmente decidir por descontinuar essa atividade, pois há uma determinação legal para a realização dela.

> **Exemplificando**
>
> Relembremos o evento e a avaliação de riscos realizada pelo gestor municipal no capítulo anterior. Será que, mesmo com o nível de riscos crítico, conforme nosso exemplo, o gestor optaria por não celebrar o convênio para a construção da creche? Com certeza, não. Possivelmente ele optaria por reduzir o risco avaliado, não eliminar a atividade. É essa opção de resposta que veremos a seguir.

Reduzir

Também chamada de mitigação, essa resposta aos riscos geralmente é a mais escolhida em um processo de gerenciamento de riscos. A partir dela busca-se reduzir o risco residual a um nível compatível com as tolerâncias a riscos desejadas.

Reduzir os riscos significa implementar ações, usar ferramentas de controle para minimizar a probabilidade e/ou o impacto do risco (GAO, 2014). Em políticas públicas, por exemplo, podemos monitorar os cenários, como o objetivo de se antecipar a eventuais mudanças no panorama político, ou elaborar planos de contingência, para que a organização esteja preparada caso determinado cenário previsto se concretize.

Segundo o *Orange Book* (UK, 2004), de longe o maior número de riscos será abordado dessa maneira. Optando por essa resposta, enquanto a organização continua com a atividade que dá origem ao risco, ações (controles) são tomadas para restringir o risco a um nível aceitável. Veremos como esses controles podem ser subdivididos de acordo com seu propósito específico ainda neste capítulo.

> **Exemplificando**
> Mantendo o nosso exemplo do convênio, dado que o nível de risco é crítico e você, gestor municipal, não quer deixar de receber esses recursos, pode optar por reduzir o risco, diminuindo a probabilidade do evento de risco (prestação de contas insuficiente) acontecer (atacando a causa) ou o impacto (minimizando as consequências caso o evento aconteça).

Compartilhar/transferir

Nessa opção de resposta aos riscos avaliados uma ação é tomada para transferir ou compartilhar riscos em toda a entidade ou com partes externas (GAO, 2014).

A forma mais usual (e também o exemplo mais citado) de compartilhamento de risco são os seguros. No mercado financeiro operações de *hedging* e o uso de derivativos são as formas mais utilizadas para compartilhar riscos. Já no setor público o exemplo clássico é a terceirização, quando há a transferência da probabilidade de ocorrência do risco.

Ao optar por essa resposta a organização visa reduzir o impacto e/ou a probabilidade de ocorrência do risco através da transferência ou, em alguns casos, do compartilhamento de uma parte do risco (IBGC, 2017).

Devem ser transferidos por meio de seguro os riscos tidos como catastróficos (riscos de baixa frequência e alta severidade), os riscos de alta frequência que provoquem cumulativamente perdas relevantes e todos aqueles cujo custo de transferência seja inferior ao custo de retenção (IBGC, 2017).

Segundo o *Orange Book* (UK, 2004), a transferência de riscos pode ser considerada para reduzir a exposição a riscos da organização ou porque outra organização é mais capaz de gerir eficazmente o risco. É importante notar que alguns riscos não são (totalmente) transferíveis. Geralmente não é possível transferir risco de reputação, por exemplo, mesmo que a entrega de um serviço seja contratada. Cabe ressaltar que o relacionamento com o terceiro para o qual o risco é transferido precisa ser cuidadosamente gerenciado para assegurar a transferência de risco bem-sucedida.

> **Exemplificando**
> Ainda no nosso exemplo do convênio, você, gestor municipal, pode escolher por compartilhar o risco com um escritório de contabilidade. Dessa forma, partindo da premissa de que os funcionários desse escritório são mais qualificados para elaborarem uma prestação de contas, você estará reduzindo a probabilidade de que a documentação apresentada pelo município esteja errada.
> Entretanto, atenção! A responsabilidade ainda é sua em prestar contas, mas você conseguiu diminuir seu risco compartilhando-o com o escritório, que também tem uma responsabilidade profissional pelo trabalho desenvolvido.

Aceitar

A exposição a riscos pode ser tolerável, não sendo necessária qualquer outra ação. Ao decidir por aceitar o risco a organização opta por não adotar nenhuma medida para afetar a probabilidade ou o grau de impacto dos riscos (COSO, 2007). Quando o risco é aceito significa que, após uma avaliação benefício-custo, conclui-se que não vale a pena implementar medidas de redução ou compartilhamento do risco.

Mesmo que não seja tolerável, a capacidade de se fazer alguma coisa sobre determinados riscos pode ser limitada, ou o custo de tomar qualquer ação pode ser desproporcional ao potencial benefício obtido (UK, 2004). Nestes casos, a resposta pode ser tolerar o nível de risco existente. Esta opção pode ser complementada por um plano de contingência para lidar com os impactos que surgirão se o risco se concretizar.

> **Exemplificando**
> Imagine agora que você é responsável pela gestão de infraestrutura de TI da sua organização. Há um risco identificado pela sua equipe que é a obsolescência de computadores de mesa. Entretanto, o nível de riscos obtido na fase de avaliação foi considerado pequeno, pois a probabilidade de que isso aconteça é baixa, já que a organização trocou seus PCs há pouco tempo e, mesmo que aconteça, praticamente todos os agentes públicos possuem notebooks que podem ser utilizados em substituição aos PCs. Dessa forma, uma opção é simplesmente aceitar o risco, não adotando qualquer ação/controle.

Várias opções de tratamento podem ser consideradas e aplicadas individualmente ou combinadas. A organização, normalmente, beneficia-se com a adoção de uma combinação de opções de tratamento. É importante ressaltar que o próprio tratamento de riscos, por si só, pode introduzir riscos. Um risco significativo pode derivar do fracasso ou da ineficácia das medidas de tratamento de riscos. O monitoramento precisa fazer parte do plano de tratamento de forma a garantir que as medidas permaneçam eficazes (ABNT, 2018).

Com base na resposta de risco selecionada, a organização deve projetar as ações específicas para responder aos riscos analisados (GAO, 2014). A natureza e a extensão dessas ações dependem da tolerância a riscos definida. Operar dentro da tolerância a riscos definida fornece uma maior garantia de que a entidade atingirá seus objetivos.

As medidas de desempenho são usadas para avaliar se as ações de resposta ao risco permitem que a entidade opere dentro das tolerâncias de risco definidas. Quando as ações de resposta ao risco não permitem que a entidade opere dentro dessas tolerâncias, a organização pode precisar revisar as respostas de risco ou reconsiderar as tolerâncias a riscos definidas. Para isso a organização deve realizar avaliações de risco periódicas, objetivando avaliar a eficácia das ações propostas como resposta aos riscos avaliados.

9.2 Atividades de controle

Bom. Minha organização já escolheu a resposta aos riscos avaliados entre as quatro opções apresentadas anteriormente, então meu gerenciamento de riscos está concluído. Certo?

Infelizmente, não. Para assegurar que as respostas aos riscos escolhidas sejam executadas são necessárias as atividades de controle, que são as políticas e os procedimentos que ocorrem em toda a organização, em todos os níveis e em todas as funções, pois compreendem uma série de atividades, como aprovação, autorização, verificação, reconciliação e revisão do desempenho operacional, da segurança dos bens e da segregação de responsabilidades (COSO, 2007).

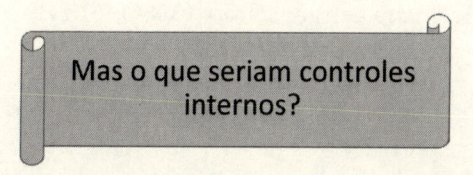

> Mas o que seriam controles internos?

Primeiramente, é importante lembrar que já no capítulo introdutório diferenciamos sistema de controle interno dos poderes (Executivo, Legislativo e Judiciário) do controle interno de uma organização, também denominado controles internos da gestão pela Instrução Normativa Conjunta MP/CGU nº 1/2016 (BRASIL, 2016a), vista no capítulo 4.

Controle interno é um processo conduzido pela estrutura de governança, administração e outros profissionais da entidade, e desenvolvido para proporcionar segurança razoável com respeito à realização dos objetivos relacionados a operações, divulgação e conformidade (COSO, 2013).

Para serem efetivas, as atividades de controle necessitam (INTOSAI, 2007):

- Ser apropriadas (isso significa o controle correto, no local correto e proporcional ao risco envolvido).
- Funcionar consistentemente de acordo com um plano de longo prazo (isso significa que devem ser criteriosamente obedecidas por todos os funcionários envolvidos no processo e não apressadamente, quando o pessoal-chave está ausente ou há uma sobrecarga de trabalho).
- Apresentar um custo adequado (ou seja, o custo da implantação do controle não deve exceder os benefícios que possam derivar da sua aplicação).
- Ser abrangentes e razoáveis e estar diretamente relacionadas com os objetivos de controle.

As atividades de controle devem estar alinhadas à avaliação de riscos realizada. Dessa forma, normalmente essas atividades não são necessárias quando a organização opta por aceitar ou evitar um risco específico. Entretanto, em algumas situações a organização pode optar por evitar determinado risco e decidir desenvolver uma atividade de controle para isso (COSO, 2013).

A ação de compartilhar ou reduzir um risco serve como ponto focal para selecionar e desenvolver as atividades de controle. A natureza e extensão da resposta ao risco e as atividades de controle associadas dependerão, ao menos parcialmente, do nível desejado de mitigação de risco aceitável para a organização (COSO, 2013).

QUADRO 2 – Exemplos de tipologias de atividade de controle

Atribuição de autoridade e limites de alçada	Revisões da alta administração
Revisão de superiores	Normatização interna
Autorizações e aprovações	Controles físicos
Segregação de funções	Capacitação e treinamento
Verificações	Conciliações
Indicadores de desempenho	Revisão de desempenho operacional
Programas de contingência	Planos de continuidade dos negócios

Fonte: Autor, adaptado de COSO (2007)

Segundo o *Orange Book* (UK, 2004), o tratamento do risco pode ser analisado em quatro diferentes tipos de controles, descritos a seguir.

Controles preventivos

Esses controles são projetados para limitar a possibilidade de um resultado indesejável acontecer. Quanto maior for a necessidade de que um resultado indesejável não surja, mais importante se torna implementar controles preventivos apropriados. Geralmente a maioria dos controles implementados nas organizações pertence a esta categoria.

O principal exemplo de controle preventivo é a segregação de funções, na qual as obrigações são atribuídas ou divididas entre pessoas diferentes com a finalidade de reduzir o risco de erro ou de fraude. Por exemplo, as responsabilidades de autorização de transações, do registro e da entrega de um bem são divididas entre diferentes departamentos ou pessoas da organização.

Controles corretivos

São aqueles controles projetados para corrigir resultados indesejáveis que foram realizados. Um exemplo desse tipo de controle é o seguro, pois facilita a recuperação financeira contra a realização de um risco. O plano de contingência é um elemento importante do controle corretivo, pois é o meio pelo qual as organizações planejam a continuidade/recuperação dos negócios após o acontecimento de eventos que não puderam controlar.

Controles diretivos

Esses controles são projetados para garantir que um resultado específico seja alcançado. Eles são particularmente importantes quando é crítico que um evento indesejável seja evitado, como nas áreas da saúde e segurança.

Exemplo desse tipo de controle é a necessidade de uso de roupas de proteção durante o desempenho de tarefas perigosas, como é exigido para as pessoas que trabalham com materiais radioativos em usinas nucleares. Como podemos observar, a atividade não deixou de ser realizada, pois é uma determinação legal, mas foram implementados controles diretivos para mitigar os riscos de contaminação.

Controles detectivos

São aqueles controles projetados para identificar situações em que resultados indesejáveis ocorreram, ou seja, são controles *a posteriori*. Exemplos de controles detectivos incluem verificações de ativos por meio de inventários, usualmente realizadas pelo menos uma vez ao ano na Administração Pública, e atividades de monitoramento, que detectam mudanças que devem ser respondidas.

Independentemente do tipo de controle a ser implementado, ao projetar o controle é importante que ele seja proporcional ao risco avaliado. Obviamente, desconsiderando aqueles casos em que o resultado indesejável é mais extremo (como a perda de vidas humanas), normalmente é suficiente para uma organização projetar o controle para fornecer uma garantia razoável de que uma possível perda esteja dentro do apetite de risco da organização.

Devemos lembrar que toda ação de controle tem um custo associado e é importante que essa ação proporcione um benefício maior que seu custo de implementação, em relação ao risco que está controlando. Geralmente, o propósito do controle é restringir o risco ao invés de eliminá-lo.

9.3 Avaliação dos controles existentes

A avaliação das respostas a riscos e atividades de controle correspondentes – ou simplesmente controles – é parte integrante da análise de riscos. Os controles incluem, mas não estão limitados a qualquer processo, política, dispositivo, prática ou outras condições e/ou ações que mantêm e/ou modificam o risco (ABNT, 2018).

Essa etapa é importante e o momento de realizá-la irá depender da metodologia utilizada em sua organização.

Como vimos no capítulo anterior, caso a metodologia considere a avaliação do risco inerente dos eventos identificados, a avaliação dos controles internos será realizada após essa etapa, para subsidiar a avaliação do risco residual, realizada em seguida. Já nos casos em que só se avalia o risco residual, a avaliação dos controles internos é realizada em conjunto com a avaliação deste risco.

Exemplificando

Considerando riscos inerentes:
1 – Avaliar a probabilidade e impacto do risco de invasão em prédio da Esplanada dos Ministérios, em Brasília, desconsiderando qualquer controle existente.
2 – Avaliar os controles existentes, já implementados pelo Ministério.
3 – Avaliar o risco residual, ou seja, o risco remanescente mesmo considerando os controles existentes.
4 – Escolher uma resposta ao risco residual avaliado.

Desconsiderando riscos inerentes:
1 – Avaliar o risco de invasão em prédio da Esplanada dos Ministérios, em Brasília, levando em consideração os controles já implementados pelo Ministério (risco residual).
2 – Escolher uma resposta ao risco residual avaliado.

Uma forma de avaliar os controles consiste em determinar um nível de confiança (NC), mediante análise dos atributos do desenho e da implementação dos controles, utilizando uma escala como a exemplificada a seguir (TCU, 2017a).

TABELA 4 – Escala para avaliação dos controles

Nível de confiança (NC)	Avaliação do desenho e implementação dos controles (atributos do controle)
Inexistente NC = 0% (0,0)	Controles inexistentes, mal desenhados ou mal implementados, isto é, não funcionais.
Fraco NC = 20% (0,2)	Controles têm abordagens ad hoc, tendem a ser aplicados caso a caso, a responsabilidade é individual, havendo elevado grau de confiança no conhecimento das pessoas.
Mediano NC = 40% (0,4)	Controles implementados mitigam alguns aspectos do risco, mas não contemplam todos os aspectos relevantes do risco devido a deficiências no desenho ou nas ferramentas utilizadas.
Satisfatório NC = 60% (0,6)	Controles implementados e sustentados por ferramentas adequadas e, embora passíveis de aperfeiçoamento, mitigam o risco satisfatoriamente.
Forte NC = 80% (0,8)	Controles implementados podem ser considerados a "melhor prática", mitigando todos os aspectos relevantes do risco.

Fonte: Autor, adaptado de TCU (2017a)

Repare que na proposta do TCU não há o NC = 100%, ou seja, a avaliação máxima de um controle seria 80%. Isso está alinhado à doutrina de controles internos, pois não há controle infalível, ou seja, todo controle implementado apresenta limitações inerentes, seja por falha humana em sua aplicação, seja por conluio, eventos externos etc.

Outro ponto importante a ser explorado na tabela anterior é a avaliação do NC = 0%. Nesse caso, o risco inerente será igual ao residual, uma vez que não foram identificados controles existentes no processo avaliado.

Dica prática!

- Ao definir uma resposta ao risco avaliado, compare-a com o apetite de riscos da organização e a tolerância a eles.
- Ao pensar em uma atividade de controle para mitigar determinado risco avaliado, faça uma avaliação da relação benefício--custo da implementação daquele controle. Fará sentido você implementá-lo se o resultado for maior que 1.
- Na implementação de um plano de ação, identifique claramente a ordem de prioridade em que cada tratamento deva ser implementado.
- Uma das boas opções disponíveis para a elaboração de um plano de ação é a metodologia 5W2H, exemplificada a seguir.

	Plano de ação						
Nº	Atividade (O quê?)	Objetivo (Por quê?)	Responsável (Quem?)	Data (Quando?)	Local (Onde?)	Modo (Como?)	Custo (Quanto?)
1							

- O 5W2H é um método de gerenciamento de atividades, oriundo de cinco perguntas, em inglês, que começam com a letra "W", e duas questões que começam com a letra "H". Veja, a seguir, quais os significados de cada letra:
- What (o que será feito?);
- When (quando será feito?);
- Where (onde será feito?);
- Why (por que será feito?);
- Who (quem fará?);

– How (como será feito?);
– How much (quanto custará?).

Muitas vezes não é necessário especificar todos os Ws e/ou todos os Hs. Dependerá da complexidade da atividade proposta.

CAPÍTULO 10

REPORTANDO RISCOS

A chave para o gerenciamento de riscos é nunca se colocar em uma posição em que você não poderá viver para lutar outro dia.

Dick Fuld

Até aqui já percorremos quase todas as etapas do ciclo de gerenciamento de riscos previstas nos principais modelos. Entretanto, uma fase muito importante para o processo, integrada a todas as outras, é a forma como está estruturada a informação e como se desenvolve a comunicação dentro da organização.

Os avanços tecnológicos das últimas décadas resultaram em um crescimento exponencial do volume de dados com os quais as organizações lidam todos os dias. Além disso, a velocidade em que devem ser armazenados e a grande variedade de tipos de dados e fontes apresentam diversos desafios às organizações.

Uma vez que os dados são processados, organizados e estruturados em informações sobre um fato ou circunstância particular, ele se torna uma fonte de conhecimento. No entanto, um dos principais desafios nos dias atuais é evitar a sobrecarga de informações. Com tantos dados disponíveis – muitas vezes em tempo real – para mais pessoas na organização, é importante que ela forneça a informação certa, para as pessoas certas, na forma e momento corretos (INTOSAI, 2007).

Segundo o Coso (2007), toda organização identifica e coleta uma ampla gama de informações relacionadas a atividades e eventos externos e internos, pertinentes à administração. Essas informações são transmitidas às pessoas em uma forma e um prazo que lhes permitam desempenhar suas responsabilidades na administração de riscos corporativos e outras. Nesse sentido, é importante que a comunicação eficaz flua em todos os níveis da organização.

É importante garantir que todos entendam, de forma adequada ao seu papel, qual é a estratégia de risco da organização, quais são as prioridades de risco e como suas responsabilidades específicas na organização se enquadram nesse contexto. Se isso não for alcançado, a incorporação adequada e consistente da gestão de riscos não será alcançada e as prioridades de risco podem não ser abordadas de forma consistente (UK, 2004).

É necessário garantir que as lições transferíveis sejam aprendidas e comunicadas às pessoas que possam se beneficiar delas. Por exemplo, se uma parte da organização encontra um novo risco e planeja um controle efetivo para lidar com isso, essa lição deve ser comunicada a todos os outros que também possam enfrentar esse risco. Devemos lembrar que podem existir processos que são executados por diversas áreas.

Cada nível de gerenciamento, incluindo a alta administração, deve buscar e receber uma avaliação adequada e regular sobre a gestão do risco dentro de sua alçada de controle. Essas informações precisam ser suficientes para que as áreas possam planejar ações em relação a riscos quando o risco residual não for aceitável, bem como entender quais riscos são considerados aceitáveis considerando os controles existentes. Além da comunicação de rotina, deve haver um mecanismo para escalar importantes questões de risco que apareçam de repente (UK, 2004).

10.1 Informações

As informações são necessárias em todos os níveis de uma organização, para identificar, avaliar e responder a riscos, administrá-la e alcançar seus objetivos, podendo se originar de fontes internas e externas, e nas formas quantitativas e qualitativas (COSO, 2007).

FIGURA 39 – Características de uma informação de alta qualidade

Acessível
- A informação é fácil de obter em tempo hábil por quem precisa dela. Os usuários sabem quais informações estão disponíveis e onde estão.

Apropriada
- A informação é relevante e suficiente. Há informações suficientes no nível certo de detalhes. Os dados estranhos são eliminados para evitar ineficiências, mau uso ou má interpretação.

Atual
- A informação é coletada de fontes atuais e na frequência necessária.

Confiável
- A informação é obtida de fontes autorizadas, reunidas de acordo com procedimentos prescritos e representa eventos que realmente ocorreram.

Precisa
- As informações e os dados subjacentes estão corretos.

Íntegra
- Os dados e as informações são protegidos contra manipulação e erro.

Fonte: Autor, adaptado de Coso (2017)

Exemplificando

Imagine que você é responsável pelo setor de RH da sua organização. Dessa forma, se tiver avaliando os riscos de sobrecarga de trabalho devido ao alto índice de absenteísmo dos agentes públicos, precisará de informações com as características anteriores, tais como folhas de ponto, atestados médicos, pesquisa de clima organizacional, entre outros.

Manter a qualidade da informação é essencial para o gerenciamento de riscos corporativos. Se os dados que suportam as informações forem imprecisos ou incompletos, o gerenciamento pode não ser capaz de fazer julgamentos, estimativas ou decisões sólidas.

10.2 Comunicações

A informação é a base da comunicação, a qual deve atender às expectativas de grupos e indivíduos, permitindo-lhes executar suas responsabilidades de forma eficaz. A comunicação eficaz deve ocorrer em todas as direções, fluir para baixo, para cima e através da organização, por todos seus componentes e pela estrutura inteira (INTOSAI, 2007).

A comunicação é inerente a todos os sistemas de informações, que devem fornecer informações ao pessoal apropriado para que este possa desincumbir-se de suas responsabilidades operacionais, de comunicação e de conformidade. Porém, a comunicação também deve ocorrer em um sentido mais amplo, tratando de expectativas, responsabilidades de indivíduos e grupos, bem como outras questões importantes (COSO, 2007).

A ISO 31000 estabelece que o propósito da comunicação e consulta é auxiliar as partes interessadas pertinentes na compreensão do risco, na base sobre a qual decisões são tomadas e nas razões pelas quais ações específicas são requeridas. A comunicação busca promover a conscientização e o entendimento do risco, enquanto a consulta envolve obter retorno e informação para auxiliar a tomada de decisão. A comunicação deve facilitar a troca de informações factuais, oportunas, pertinentes, precisas e compreensíveis, levando em consideração a confidencialidade e integridade da informação, bem como o direito de privacidade dos indivíduos.

Vários canais estão disponíveis para a organização comunicar dados de risco e informações para partes interessadas, sejam elas internas e externas. Esses canais permitem que as organizações forneçam informações relevantes para a tomada de decisões.

Internamente, a administração deve comunicar claramente a estratégia e os objetivos da organização, de modo que todo o pessoal em todos os níveis compreenda seus papéis individuais. Se essa comunicação não é realizada de forma satisfatória, como os agentes públicos em níveis operacionais saberão suas responsabilidades e o que a alta administração espera deles?

Os canais de comunicação devem ser estabelecidos de maneira que permitam à administração transmitir (COSO, 2017):

- A importância, a relevância e o valor da gestão de risco da organização.
- As características, os comportamentos desejados e os valores fundamentais que definem a cultura da entidade.

- A estratégia e os objetivos da entidade.
- O apetite de risco e a variação aceitável no desempenho (tolerância a riscos).
- As expectativas da organização em questões importantes relacionadas à gestão de riscos corporativos, incluindo situações de fraqueza, deterioração ou não adesão.

Ainda em relação à comunicação, a organização deve ficar atenta, pois falhas de comunicação podem ocorrer quando pessoas ou unidades perdem a motivação de fornecer informações importantes a outras pessoas ou não dispõem de um meio de fazê-lo. O pessoal pode estar ciente de riscos significativos, mas não se mostrar disposto nem capaz de relatá-los (COSO, 2007).

Uma comunicação apropriada é necessária, não somente dentro da organização, como também fora dela. Por meio de canais de comunicação abertos, partes interessadas podem fornecer informações altamente significativas referentes aos produtos ou serviços fornecidos pela organização, possibilitando, assim, que a organização adote as medidas necessárias para a correção de eventuais desvios.

Nesse sentido, em relação à comunicação interna, a antiga ISO 31000 (ABNT, 2009c) traz alguns pontos interessantes, que, embora não tenham sido reproduzidos na versão de 2018, ajudam no entendimento do tema. Segundo ela, a organização deve verificar se:

- Componentes-chave da estrutura da gestão de riscos e quaisquer alterações subsequentes estão sendo comunicados adequadamente.
- Existe um processo adequado de reporte interno sobre a estrutura, sua eficácia e os seus resultados.
- As informações pertinentes derivadas da aplicação da gestão de riscos estão disponíveis nos níveis e nos momentos apropriados.
- Há processos de consulta às partes interessadas internas.

Já acerca da comunicação externa, a organização deve (*ibidem*):
- Engajar as partes interessadas externas apropriadas e assegurar a troca eficaz de informações.
- Realizar o reporte externo para atendimento de requisitos legais, regulatórios e de governança.
- Fornecer retroalimentação e reportar sobre a comunicação e consulta.

- Usar comunicação para construir confiança na organização.
- Comunicar as partes interessadas em evento de crise ou contingência.

O responsável pelo gerenciamento de riscos da organização deve trabalhar em estreita colaboração com aqueles que usarão seus relatórios para identificar quais informações são necessárias, com que frequência eles precisam dos relatórios e suas preferências sobre como os relatórios devem ser apresentados. Ele é responsável por implementar controles adequados para que o relatório seja exato, claro e completo.

A frequência dos relatórios deve ser proporcional à gravidade e prioridade dos riscos. Não há uma regra básica ou única para essa tempestividade, mas os relatórios devem permitir que a Administração determine os tipos e a quantidade de riscos assumidos pela organização, sua adequação e a eficácia das respostas de risco existentes. Por exemplo, as mudanças nas expectativas de crescimento do PIB ou inflação podem ser relatadas semanalmente, em conformidade com as possíveis mudanças no risco. Em contraste, o relatório sobre os riscos decorrentes do progresso de uma organização em relação a projetos estratégicos e iniciativas de longo prazo pode ser mensal ou trimestral.

Dica prática!

- Converse com as partes interessadas da sua organização. Fornecedores, agentes públicos da própria instituição, órgãos reguladores etc., todos eles podem prover informações críticas necessárias à identificação de riscos e de oportunidades.
- Mantenha as informações compatíveis com as necessidades da sua organização, modificando os sistemas de informações conforme o necessário para o suporte de novos objetivos.

- Certifique-se de que as informações obtidas são apropriadas, tempestivas, atuais, exatas e de fácil acesso.
- Crie canais de comunicação abertos e demonstre disposição de ouvir os agentes públicos que fazem parte de sua organização. Não pode haver medo de represálias para o relato de informações relevantes, como exemplo, uma denúncia.
- São formas de comunicação que podem ser utilizadas pela organização, entre outras: manuais, memorandos, mensagens de correio eletrônico, notificações em quadros de avisos, redes sociais e mensagens em vídeo.

CAPÍTULO 11

MONITORANDO RISCOS

> *Existe o risco que você não pode jamais correr, e existe o risco que você não pode deixar de correr.*
>
> Peter Drucker

Imagine que estamos no dia 10.9.2001 e você é responsável pela gestão de riscos do Rockefeller Center, uma das construções mais famosas de Nova Iorque. Naquele dia, você e sua equipe estão revisando o mapa de riscos de ocorrer algum atentado no prédio e este vir a cair. Ao fazer essa avaliação, vocês até imaginam que a probabilidade de acontecer um atentado não é baixa, já que o prédio é um dos símbolos da cidade. Entretanto, o risco dessa construção desmoronar, dados os controles existentes, são mínimos.

Será que essa avaliação seria a mesma se fosse realizada dois dias depois, ou seja, após o atentado contra o World Trade Center, na mesma Nova Iorque?

Peguemos um exemplo mais atual e do setor público, sem entrarmos em questões partidárias e/ou políticas.

Um dos argumentos para que a Presidente Dilma tivesse suas contas de 2014 rejeitadas pelo Tribunal de Contas da União – TCU foi a assinatura de decretos sem número que resultaram na abertura de créditos suplementares, de valores elevados, sem autorização do Congresso Nacional. Independentemente de você concordar ou não com o entendimento daquela Corte de Contas, será que a avaliação de riscos realizada pelos gestores que participam do processo de abertura de créditos suplementares mudou após esse entendimento do TCU?

Assim como os objetivos de uma organização podem mudar, os riscos enfrentados e avaliados também passam por constantes alterações, razão pela qual devem ser monitorados periodicamente. As avaliações da eficácia do gerenciamento de riscos variam em alcance e frequência, dependendo da relevância dos riscos avaliados e das respostas e controles implementados na gestão desses riscos.

O Orange Book (UK, 2004) afirma que a gestão do risco deve ser revisada e relatada por dois motivos: i) para monitorar se o perfil de risco está mudando ou não; e ii) para obter garantia de que o gerenciamento de riscos é efetivo e identificar quando são necessárias novas ações.

Dessa forma, concluímos que o gerenciamento de riscos não pode ser um processo estático. Mesmo depois da identificação, avaliação e tratamento dos riscos, o ambiente interno e externo, no qual a organização está inserida, está em constante mudança e novos riscos podem surgir ou mudar. Por isso, é importante que a aplicação do ciclo de gerenciamento de riscos seja contínua.

O propósito do monitoramento e análise crítica é assegurar e melhorar a qualidade e eficácia da concepção, implementação e resultados do processo. Devem ser uma parte planejada do processo de gestão de riscos, com responsabilidades claramente estabelecidas, ocorrendo em todos os estágios do processo. Monitoramento e análise crítica incluem planejamento, coleta e análise de informações, registro de resultados e fornecimento de retorno. Seus resultados devem ser incorporados em todas as atividades de gestão de desempenho, medição e relatos da organização (ABNT, 2018).

Para o TCU (2017a), as responsabilidades relativas ao monitoramento e à análise crítica devem estar claramente definidas na política de gestão de riscos e detalhadas nos planos, manuais ou normativos, contemplando atividades como as descritas a seguir.

QUADRO 3 – Responsabilidades pelo monitoramento do processo de gestão de riscos

Monitoramento contínuo (ou, pelo menos, frequente) pelas funções de gestão que têm propriedade sobre os riscos e pelas funções que supervisionam riscos e medem o desempenho da gestão de riscos, por meio de indicadores-chaves de risco e verificações rotineiras de índices de desempenho, ritmo de atividades, operações ou fluxos atuais em comparação com os que seriam necessários para o alcance de objetivos ou a manutenção dentro das tolerâncias a riscos ou variações aceitáveis no desempenho.
Análise crítica dos riscos e seus tratamentos realizada pelas funções que gerenciam e têm propriedade de riscos e ou pelas funções que supervisionam riscos, por meio de autoavaliação de riscos e controles (*control and risk self assessment – CRSA*).
Auditorias realizadas pelas funções que fornecem *avaliações independentes* (auditoria interna ou externa), focando a estrutura e o processo de gestão de riscos, em todos os níveis relevantes das atividades organizacionais, ou seja, procurando testar os aspectos sistêmicos da gestão de riscos em vez de as situações específicas encontradas.

Fonte: Autor, adaptado de TCU (2017a)

O *control self-assessment* – CSA, também chamado de autoavaliação de controle, é um método que examina e avalia a eficácia do controle interno. Por meio desse procedimento o gestor tem a oportunidade de detectar, avaliar e agir sobre sua exposição aos riscos. O CSA pode ser realizado por meio de questionários, *workshops* e autoanálise gerencial.

Para KPMG e MIoD (2015), procedimentos de acompanhamento da adequação e eficácia dos controles identificados devem ser incorporados às operações normais da entidade. Entretanto, apesar de o monitoramento ao longo de um componente essencial de um sistema de controle interno ser eficaz, a alta administração não pode confiar exclusivamente em processos de monitoramento incorporados para o cumprimento das suas responsabilidades, devendo determinar o recebimento regular de relatórios de avaliação sobre o controle interno e de ser informado sobre como foram realizadas as avaliações que dão origem aos relatórios.

A revisão da avaliação deve ser realizada periodicamente em uma base regular e tempestiva. Deve considerar as questões tratadas em relatórios, em conjunto com informações adicionais necessárias para assegurar que a alta administração tenha considerado todos os aspectos significativos do controle interno para a organização.

11.1 Indicador-chave de risco

A ideia de que podemos remover algumas incertezas capturando e lendo dados de fatores que influenciam algo com o qual estamos trabalhando não é nova e faz parte da nossa vida todos os dias. Por exemplo: você já se imaginou dirigindo um carro sem saber a velocidade e/ou quanto há de combustível no tanque? Esses são exemplos de indicadores de risco.

Os indicadores-chave de risco, conhecidos na literatura pela sua nomenclatura em inglês KRIs (key risk indicators), resultam da identificação dos principais riscos de cada processo e servem para dimensionar o grau de exposição. São indicadores definidos para dar maior visibilidade às principais fontes de riscos da organização. Através de um "painel" será possível acompanhar os riscos relevantes de determinado processo, proporcionando ao gestor um monitoramento efetivo e contínuo. O conjunto de KRIs é dinâmico e deverá ser atualizado regularmente.

Os KRIs são uma ferramenta importante no gerenciamento de riscos e são usados para melhorar o monitoramento e mitigação de riscos e facilitar o relatório de risco. O risco operacional é definido como o risco de perda resultante de processos internos, pessoas e sistemas inadequados ou falidos, ou eventos externos. Os KRIs operacionais são medidas que permitem que os gerentes de risco identifiquem perdas potenciais antes que ocorram. As métricas atuam como indicadores de mudanças no perfil de risco de uma organização.

É preciso diferenciar KRIs de indicadores de desempenho, também chamados de KPIs (key performance indicators). Enquanto os KPIs são importantes para o gerenciamento bem-sucedido de uma organização, identificando aspectos de desempenho inferior da empresa, bem como os aspectos do negócio que merecem mais recursos e energia, a alta administração também se beneficia de um conjunto de KRIs que fornecem informações de indicadores tempestivos sobre riscos emergentes (BEASLEY; BRANSON; HANCOCK, 2010).

O processo de definição de medidas de desempenho deve incluir a gestão de riscos e a análise permanente da efetividade das medidas definidas na medição de desempenho ajustado ao risco e na tomada de riscos ajustados ao apetite. O principal objetivo da definição de medidas de desempenho e risco deve ser o de avaliar se os planos de ação e os respectivos controles implementados são efetivos para a avaliação do desempenho com atenção para os riscos assumidos (IBGC, 2017).

Beasley, Branson e Hancock (2010) afirmam que os KRIs podem fornecer informações ricas para a administração executar as estratégias da organização, na medida em que sinalizam problemas que se desenvolvem internamente nos processos de uma organização ou potenciais riscos emergentes de eventos externos, como mudanças macroeconômicas que afetam a organização.

Para serem efetivos os KRIs devem apresentar algumas características, tais como (IIA, 2013b):
- *Mensuráveis*, ou seja, as métricas devem ser quantificáveis (por exemplo, número, contagem, porcentagem, volume de dólares etc.).
- *Previsíveis*, fornecendo sinais de aviso prévio.
- *Comparáveis*, para que se possa verificar tendência em um período de tempo.
- *Informativos*, medindo o *status* do risco e controle.

A lógica por trás de desenvolver um conjunto efetivo de KRIs é identificar métricas relevantes que fornecem informações úteis sobre riscos potenciais que podem ter um impacto na conquista dos objetivos da organização. Portanto, a seleção e elaboração de KRIs efetivos começa com uma compreensão firme dos objetivos organizacionais e eventos relacionados aos riscos que podem afetar a realização desses objetivos. A ligação dos principais riscos às principais estratégias ajuda a identificar as informações mais relevantes que podem servir como um KRI efetivo de um risco emergente.

> **Exemplificando**
>
> Todos nós desejamos ter uma vida saudável, embora nem sempre tomemos as ações necessárias para conseguir isso. Independentemente disso, imagine que você tem como objetivo a longevidade. Para isso, pode elaborar alguns indicadores de risco a partir de variáveis como obesidade, pressão arterial e colesterol. Nesse sentido, ao monitorar esses indicadores e eles se apresentarem alterados (colesterol > 400 mg/dl, por exemplo), isso significa que o risco de você não atingir seu objetivo aumentou.

FIGURA 44 – Relação entre os diversos termos relacionados a risco

[Figura: seta horizontal com os pontos — Causa-raiz, KRI, Evento de risco, Resposta ao risco, Efeito, KPI]

Fonte: Autor

Para explicar a figura, peguemos um exemplo econômico bastante atual. Imagine que você e sua equipe são responsáveis por garantir o cumprimento da meta fiscal do país em 2020, fixada em R$100 bilhões. Para acompanhar esse objetivo ao longo do ano vocês estabelecem como KPIs a receita arrecadada e as despesas realizadas, que serão acompanhadas bimestralmente.

Sabendo da importância de se estabelecer também KRIs, vocês definem como um dos indicadores-chave de risco o acompanhamento do volume de receitas extraordinárias previstas no orçamento. No meio do ano o Congresso Nacional vota um projeto de lei que autorizaria a repatriação de recursos oriundos do exterior, rejeitando-o.

Com esse revés, o KRI indica que o volume de receitas extraordinárias previstas no orçamento tende a ser menor, o que é comprovado alguns meses depois, já que outras receitas extraordinárias não compensaram a falta de recursos que viriam da repatriação. O evento de risco se realiza.

A partir do evento de risco concretizado, vocês sugerem um contingenciamento de despesas, como medida mitigadora dos efeitos do evento de risco. O efeito do evento de risco resulta em um desempenho inferior ao esperado para esse KPI. Entretanto, a resposta ao risco implementada faz com que o ganho de desempenho no outro KPI (despesas realizadas) compense essa perda de receitas, fazendo com que o objetivo de cumprir a meta fiscal seja atingido.

Dica prática!

- Em relação aos KRIs:
- Identifique métricas já existentes.
- Avalie as lacunas e melhore as métricas.
- Identifique KRIs por meio de autoavaliação de controle, entrevistando departamentos de sua organização.
- Foque em indicadores que acompanham as mudanças no perfil de risco ou a eficácia do ambiente de controle.
- Concentre-se nos riscos significativos e suas causas e considere indicadores prospectivos e históricos.
- Considere valores e números absolutos, índices, porcentagens, envelhecimento etc.
- Os dados sobre KRIs devem ser coletados de forma sistemática e consistente para serem significativos, por exemplo, mensalmente.
- Atenção especial aos seguintes indicadores de risco em sua organização: frequentes mudanças organizacionais, falta de supervisão da gestão, alta rotatividade de pessoal (*turnover*) e falta de transparência nas decisões.
- A seguir são apresentadas algumas questões relacionadas ao monitoramento, que podem ser aplicadas em sua organização. Para cada pergunta respondida com "não" os gestores deverão adotar medidas corretivas para que os propósitos da gestão de riscos sejam atingidos:

- O dono do risco é claramente identificado?
- Existem ferramentas para medir e monitorar os riscos?
- Os riscos incluem suspeitas de irregularidades e estão escalados para os níveis adequados dentro da organização?
- A estrutura de gerenciamento de risco está ligada à estrutura geral da organização?
- Para os riscos que se concretizaram, as ações tomadas foram eficazes?
- Para os riscos que se concretizaram, o valor medido é compatível com o definido na avaliação de riscos?
- Para os riscos que se concretizaram, foi possível identificar novas medidas para tratar de forma adequada estes riscos no futuro?
- Para os riscos que não se concretizaram e foram adotados planos de ação, a probabilidade e/ou o impacto ainda são os mesmos?
- Para os riscos que não se concretizaram e foram adotados planos de ação, todas as medidas planejadas foram executadas no momento previsto?
- As ações planejadas estão sendo executadas?
- O processo está evoluindo por meio da identificação de novos riscos?

CONCLUSÃO

Cenários de crise (sanitária, econômica, social) e restrições fiscais como o que estamos vivendo atualmente, seja na União, nos estados ou nos municípios brasileiros, nos dão a oportunidade de reavaliarmos a forma como estamos trabalhando, redefinindo prioridades e aprimorando nossos métodos de gestão.

Ao longo desta obra procurei abordar os principais aspectos relacionados à introdução da gestão de riscos em uma organização, apresentando aspectos práticos para facilitar a implementação do projeto em órgãos e entidades do setor público, seja qual for seu tamanho ou grau de complexidade.

Como vimos, a gestão de riscos corretamente implementada e aplicada de forma sistemática, estruturada e oportuna gera benefícios que impactam diretamente os cidadãos e outras partes interessadas da organização. Assim, viabiliza o adequado suporte às decisões de alocação e uso dos recursos públicos, bem como aumenta a eficácia no atingimento de objetivos, ao criar e proteger valor público mediante a otimização de desempenho e resultados entregues (TCU, 2017b).

Ao optar por esse modelo é importante que a organização se comprometa com o processo para internalizá-lo em sua cultura, pois efetivas melhorias nos processos e redução da exposição a riscos são observadas somente com a sucessão de ciclos.

Na verdade, a gestão de riscos está muito mais ligada à arte de gerir pessoas, processos e instituições do que uma ciência de medição e quantificação de riscos. Não é apenas responder a eventos antecipados, mas construir uma cultura e uma organização que possam responder ao risco e resistir a eventos imprevistos. Em outras palavras, o gerenciamento de riscos é sobre a construção de processos e organizações flexíveis e robustas.

Por todo o exposto, segue um pedido:

Organizações, definam suas estratégias, tracem seus objetivos, identifiquem e avaliem os riscos de não os atingir, implementem controles como respostas a esses riscos e monitorem continuamente o processo. Vocês irão se surpreender com os resultados.

Para finalizar, espero ter ajudado a contribuir com a disseminação desse primordial instrumento de gestão, reconhecido e utilizado mundialmente, mas que ainda "engatinha" nas organizações públicas brasileiras.

FIGURA 45 – Processo de gestão de riscos

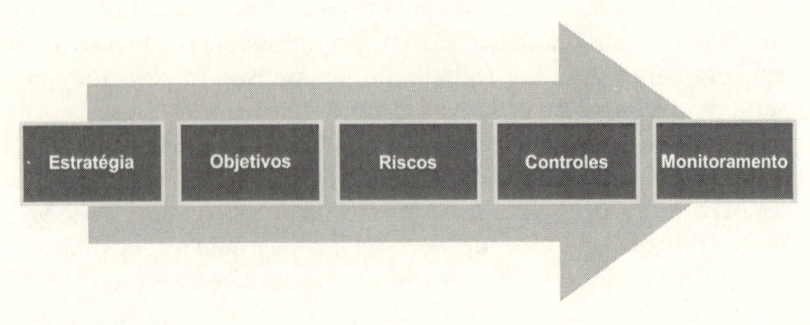

Estratégia → Objetivos → Riscos → Controles → Monitoramento

Fonte: Autor

ANEXO

Artigo – Gestão de Riscos no Caso Brumadinho

Brumadinho-MG, 25 de janeiro de 2019. Às 12h28min, Minas, o Brasil e o mundo são surpreendidos, novamente, por um rompimento de barragem de rejeitos de minério com impactos humanos e ambientais estratosféricos. No meio da contagem de vítimas e da mensuração do dano causado por mais esse desastre, é inevitável que se comece a especular o que deu errado e o que de diferente poderia ter sido feito para que essa catástrofe tivesse sido evitada. Nesse ponto, é senso comum o entendimento de que houve falhas na gestão de riscos por parte da empresa Vale, proprietária da barragem e responsável por prevenir o rompimento.

Por óbvio, ninguém contesta que estamos diante de um caso de insucesso da gestão de riscos a cargo da empresa. Entretanto, o que proponho nesse artigo é enxergarmos o tema por outra perspectiva, qual seja, a das corporações responsáveis por toda a operação de resgate e atendimento às famílias atingidas (Corpo de Bombeiros, Polícia Militar, Defesa Civil e Polícia Civil). Acredito que tenha impressionado a todos a rapidez com que essas corporações entraram em ação e isso é explicado por uma adequada gestão de riscos.

Risco é um evento futuro e incerto que, em se concretizando, traz impactos negativos. Em linhas gerais, a gestão de riscos é formada pelo tripé causa – evento de riscos – efeito.

Partindo da premissa que o evento de riscos que se concretizou é o rompimento da barragem, se pensarmos pelo prisma da empresa, é claro que ela poderia ter atuado de forma preventiva, ou seja, eliminando (ou pelo menos reduzindo drasticamente) as causas de um possível desastre como esse. Mas e se olharmos pela ótica das corporações?

Como é de se imaginar, nenhuma delas é responsável pela fiscalização, manutenção ou operação da barragem. Nesse sentido, não cabe a elas pensarem em qualquer ação para a mitigação do risco de rompimento de uma estrutura como a que se rompeu. Entretanto, o que pretendo explorar aqui é que essas corporações fizeram o dever de casa. Elas fizeram a gestão de riscos que estava ao seu alcance, qual seja, se preparar para o pior caso ele acontecesse. Tecnicamente, atuaram na parte do trinômio que podiam, que seria a mitigação dos efeitos do desastre.

Citemos alguns fatos interessantes sobre essa operação. O gabinete de crise foi montado em menos de quatro horas, quando o protocolo internacional de resposta entende que seria aceitável até 48 horas. Mais de 50 agências (órgãos, entidades, empresas, etc.) atuaram no local, número esse superior inclusive ao observado no atentado ao World Trade Center, em 2001.

Em alguns dias, o campo improvisado de helicópteros, em Brumadinho, recebeu mais pousos e decolagens que o Aeroporto Internacional de Belo Horizonte. Foram quase três mil bombeiros, inclusive, de diversos outros estados (e até mesmo de Israel), mais de 62 equipes de cães farejadores, mais de 130 máquinas utilizadas no resgate, dentre diversos outros números, e tudo isso sem nenhum acidente com os profissionais envolvidos ou mesmo com os animais.

Como é possível? Gestão de riscos! A partir de treinamentos como o Curso de Salvamento em Soterramentos, Enchentes e Inundações (CSSEI) e de um Sistema de Comando de Operações (SCO), dentre outros, todos sabiam o que tinha que ser feito quando o rompimento aconteceu. Não teve pânico. Teve capacitação prévia. Teve capacidade de resposta. Teve organização. Teve cooperação.

Sim. Este artigo pode ser entendido como uma homenagem a essas corporações por todo o trabalho realizado até aqui, mas também serve para ratificarmos a relevância desse importante instrumento de melhoria da governança chamado gestão de riscos.

REFERÊNCIAS

ABNT – ASSOCIAÇÃO BRASILEIRA DE NORMAS TÉCNICAS. *ISO GUIA 73*: Gestão de Riscos: Vocabulário. Rio de Janeiro: ABNT, 2009a.

ABNT – ASSOCIAÇÃO BRASILEIRA DE NORMAS TÉCNICAS. *ISO/IEC 31010*: Gestão de Riscos – Técnicas de Avaliação de Riscos. Rio de Janeiro: ABNT, 2009b.

ABNT – ASSOCIAÇÃO BRASILEIRA DE NORMAS TÉCNICAS. *NBR ISO 31000*: Gestão de Riscos – Princípios e diretrizes. Rio de Janeiro: ABNT, 2009c.

ABNT – ASSOCIAÇÃO BRASILEIRA DE NORMAS TÉCNICAS. *NBR ISO 31000*: Gestão de Riscos – Princípios e diretrizes. Rio de Janeiro: ABNT, 2018.

AUSTRALIAN GOVERNMENT. *Public Governance, Performance and Accountability Act 2013*. Canberra, 2013. Disponível em: https://www.legislation.gov.au/Details/C2013A00123.

BCB – BANCO CENTRAL DO BRASIL. *Recomendações de Basiléia* – Acordo de Basiléia. Brasília: BCB, 2017a. Disponível em: https://www.bcb.gov.br/fis/supervisao/basileia.asp.

BCB – BANCO CENTRAL DO BRASIL. *Relatório de administração 2016*. Brasília: BCB, 2017b. Disponível em: http://www.bcb.gov.br/Pre/Surel/RelAdmBC/2016/RA2016.html.

BCB – BANCO CENTRAL DO BRASIL. *Resolução nº 2554/98*. Dispõe sobre a implantação e implementação de sistema de controles internos. Brasília: BCB, 1998.

BEASLEY, Mark S.; BRANSON, Bruce C.; HANCOCK, Bonnie V. *Developing key risk indicators to strengthen enterprise risk management*. Durham: [s.n.], 2010.

BERNSTEIN, Peter L. *Desafio aos deuses*: a fascinante história do risco. Rio de Janeiro: Campus, 1997.

BRASIL. *Constituição Federal de 1988*. Brasília, 1988.

BRASIL. *Lei nº 10.180, de 06 de fevereiro de 2001*. Organiza e disciplina os Sistemas de Planejamento e de Orçamento Federal, de Administração Financeira Federal, de Contabilidade Federal e de Controle Interno do Poder Executivo Federal, e dá outras providências. Brasília, 2001.

BRASIL. *Lei nº 12.846, de 01 de agosto de 2013*. Dispõe sobre a responsabilização administrativa e civil de pessoas jurídicas pela prática de atos contra a administração pública, nacional ou estrangeira, e dá outras providências. Brasília, 2013a.

BRASIL. *Decreto nº 9.203, de 22 de novembro de 2017*. Dispõe sobre a política de governança da administração pública federal direta, autárquica e fundacional. Brasília, 2017.

BRASIL. Ministério da Fazenda. *Manual de gerenciamento de riscos do Ministério da Fazenda*. Brasília, 2017a.

BRASIL. Ministério da Transparência e Controladoria-Geral da União. *Instrução Normativa nº 3, de 09 de junho de 2017*. Aprova o Referencial técnico da atividade de auditoria interna governamental do Poder Executivo Federal. Brasília: CGU, 2017b.

BRASIL. Ministério do Planejamento, Desenvolvimento e Gestão e Controladoria-Geral da União. *Instrução Normativa Conjunta nº 1, de 10 de maio de 2016*. Dispõe sobre controles internos, gestão de riscos e governança no âmbito do Poder Executivo federal. Brasília: MP/CGU, 2016a.

BRASIL. Ministério do Planejamento, Desenvolvimento e Gestão. *Guia de orientação para o gerenciamento de riscos*. Brasília: Secretaria de Gestão Pública. Departamento de Inovação e Melhoria da Gestão. Gerência do Programa GesPública, 2013b. Disponível em: http://www.planejamento.gov.br/secretarias/upload/Arquivos/segep/projeto/2013_03_01_Produto_VII_Risco_Oportunidade_PT.pdf.

BRASIL. Ministério do Planejamento, Desenvolvimento e Gestão. *Manual de gestão de integridade, riscos e controles internos da gestão*. Brasília, 2017c.

BRASIL. Ministério do Planejamento, Desenvolvimento e Gestão. *Planejamento Estratégico 2016-2019*. Brasília, 2016b.

BRASIL. Ministério do Planejamento, Desenvolvimento e Gestão. *Portaria nº 426, de 30 de dezembro 2016*. Dispõe sobre a instituição da Política de Gestão de Integridade, Riscos e Controles Internos da Gestão do Ministério do Planejamento, Desenvolvimento e Gestão. Brasília, 2016c.

BRITO, Claudenir; FONTENELLE, Rodrigo. *Auditoria privada e governamental*: teoria de forma objetiva e mais de 500 questões comentadas. 4. ed. Niterói: Impetus, 2019.

CGDF – CONTROLADORIA-GERAL DO DISTRITO FEDERAL. *Portaria CGDF nº 47, de 27 de abril de 2017*. Brasília, 2017.

CGU – CONTROLADORIA-GERAL DA UNIÃO. *Guia de integridade pública* – Orientações para a administração pública federal: direta, autárquica e fundacional. Brasília: Controladoria-Geral da União, 2015. Disponível em: http://www.cgu.gov.br/Publicacoes/etica-e-integridade/arquivos/guia-de-integridade-publica.pdf.

COSO – COMMITTEE OF SPONSORING ORGANIZATIONS OF THE TREADWAY COMMISSION. *Internal control* – Integrated framework. New York: AICPA, 1992.

COSO – COMMITTEE OF SPONSORING ORGANIZATIONS OF THE TREADWAY COMMISSION. *Controle Interno* – Estrutura integrada: sumário executivo e estrutura. Tradução de PriceWatherhouseCoopers e Instituto dos Auditores Internos do Brasil. São Paulo: The IIA Brasil e PwC, 2013. Disponível em: http://www.iiabrasil.org.br/new/2013/downs/coso/COSO_ICIF_2013_Sumario_Executivo.pdf.

COSO – COMMITTEE OF SPONSORING ORGANIZATIONS OF THE TREADWAY COMMISSION. *Enterprise risk management*: integriting with strategy and performance. [s.l.]: COSO, 2017.

COSO – COMMITTEE OF SPONSORING ORGANIZATIONS OF THE TREADWAY COMMISSION. Gerenciamento de riscos corporativos – Estrutura integrada (COSO GRC, 2004). Tradução de PriceWatherhouseCoopers e Instituto dos Auditores Internos do Brasil. São Paulo: The IIA Brasil e PwC, 2007. Disponível em: http://www.coso.org/documents/COSO_ERM_ExecutiveSummary_Portuguese.pdf.

CVM – COMISSÃO DE VALORES MOBILIÁRIOS. *Gerenciamento de riscos corporativos*: uma análise das diretrizes e das práticas. Rio de Janeiro: CVM, 2015.

DELOITTE. *Risk appetite in the financial services industry*: a requisite for risk management today. Nova York: Deloitte & Touche LLP, 2014.

DISTRITO FEDERAL. *Decreto nº 37.302, de 29 de abril de 2016*. Estabelece os modelos de boas práticas gerenciais em Gestão de Riscos e Controle Interno a serem adotados no âmbito da Administração Pública do Distrito Federal. Brasília, 2016.

DUNN, James. Risk remains much the same in the public sector. *Financial Review*, 13 abr. 2015. Disponível em: http://www.afr.com/news/special-reports/evolving-business-risk/risk-remains-much-the-same-in-the-public-sector-20150409-1mi15u#ixzz4mYvWyZTr.

FERMA – FEDERATION OF EUROPEAN RISK MANAGEMENT ASSOCIATIONS. *FERMA's Risk Management Standard*. Bruxelas: FERMA, 2002. Disponível em: http://www.ferma.eu/Portals/2/documents/RMS/RMS-UK (2).pdf.

GAO – UNITED STATES GOVERNMENT ACCOUNTABILITY OFFICE. *Standards for Internal Control in the Federal Government*. United States of America, 2014.

GOVERNMENT OF CANADA. *Integrated risk management framework*. Ottawa: Treasury Board Secretariat, 2001.

HILL, Stephen. Guia sobre a gestão de riscos no serviço público. Tradução de Luís Marcos B. L. de Vasconcelos. *Cadernos ENAP*, Brasília, n. 30, 2006.

HILL, Stephen. Uma base para o desenvolvimento de estratégias de aprendizagem para a gestão de riscos no serviço público. Tradução de Luís Marcos B. L. de Vasconcelos. *Cadernos ENAP*, Brasília, n. 23, 2003.

IBGC – INSTITUTO BRASILEIRO DE GOVERNANÇA CORPORATIVA. *Código de boas práticas de governança corporativa*. 4. ed. São Paulo: IBCG, 2009.

IBGC – INSTITUTO BRASILEIRO DE GOVERNANÇA CORPORATIVA. *Gerenciamento de riscos corporativos*: evolução em governança e estratégia. São Paulo: IBCG, 2017.

IBGC – INSTITUTO BRASILEIRO DE GOVERNANÇA CORPORATIVA. *Guia de orientação para o gerenciamento de riscos corporativos*. São Paulo: IBCG, 2007.

IFAC – INTERNATIONAL FEDERATION OF ACCOUNTANTS. *Study 13* –Governance in the public sector: a governing body perspective. Nova York, 2001. Disponível em: http://www.ifac.org/sites/default/files/publications/files/study-13-governance-in-th.pdf.

IIA – INSTITUTO DOS AUDITORES INTERNOS. *Certification in control self-assessment*. São Paulo: IIA, 2013a.

IIA – INSTITUTO DOS AUDITORES INTERNOS. *Certification in risk management assurance.* São Paulo: IIA, 2013b.

IIA – INSTITUTO DOS AUDITORES INTERNOS. *Declaração de posicionamento do IIA*: as três linhas de defesa no gerenciamento eficaz de riscos e controles. Tradução de Instituto dos Auditores Internos do Brasil. Documento atualizado. São Paulo: IIA, 2020.

IIA – INSTITUTO DOS AUDITORES INTERNOS. *Guia prático.* Auditando o ambiente de controle. São Paulo: IIA, 2012.

INTOSAI – INTERNATIONAL ORGANIZATION OF SUPREME AUDIT INSTITUTIONS. *GOV 9130* – Guidelines for Internal Controls Standards for the Public Sector. Further Information on Entity Risk Management. PSC Subcommittee on Internal Control Standards. [s.l.]: INTOSAI, 2007.

KJAER, A. *Governance.* London: Sage, 2004.

KPMG; MIOD – MAURITIUS INSTITUTE OF DIRECTORS. *The audit committee's role in control and management of risk.* [s.l.]: [s.n.], 2015.

MILLER, G. P. The compliance function: an overview. *NYU Law and Economics Research Paper*, 2014.

CONTROLADORIA-GERAL DO ESTADO. *Planejamento Estratégico 2020-2023,* aprovado pela Resolução nº 30, de 27 de dezembro de 2019. Belo Horizonte, 2019.

CONTROLADORIA-GERAL DO ESTADO. *Guia Metodológico de Gestão de Riscos Estratégicos,* aprovado pela Resolução nº 26, de 20 de julho de 2020. Belo Horizonte, 2020a.

CONTROLADORIA-GERAL DO ESTADO. *Resolução nº 10, de 04 de abril de 2020,* que aprova a Instrução Normativa que trata dos procedimentos de consultoria sobre riscos em contratações emergenciais, a que se refere o art. 3º do Decreto NE nº 113, de 12 de março de 2020. Belo Horizonte, 2020b.

CONTROLADORIA-GERAL DO ESTADO. *Declaração de Apetite a Riscos,* aprovado pela Resolução nº 19, de 28 de maio de 2020. Belo Horizonte, 2020c.

CONTROLADORIA-GERAL DO ESTADO. *Política de Gestão de Riscos,* aprovada pela Resolução nº 29, de 18 de agosto de 2020. Belo Horizonte, 2020d.

CONTROLADORIA-GERAL DO ESTADO. *Plano de Contingências,* aprovado pela Resolução nº 08, de 16 de março de 2020. Belo Horizonte, 2020e.

CONTROLADORIA-GERAL DO ESTADO. *Plano de Continuidade de Negócios,* aprovado pela Resolução nº 40, de 09 de outubro de 2020. Belo Horizonte, 2020f.

MPS – MINISTÉRIO DA PREVIDÊNCIA SOCIAL. *Manual de gestão da inovação e de desenvolvimento institucional (MGII).* Módulo V – Gerenciar riscos. Brasília: MPS, 2015.

MPS – MINISTÉRIO DA PREVIDÊNCIA SOCIAL. *Plano de projeto*: elaborar metodologia de gerenciamento de riscos na Previdência Social. Brasília: MPS, 2013.

MPS – MINISTÉRIO DA PREVIDÊNCIA SOCIAL. *Projeto do modelo conceitual de gerenciamento de riscos da Previdência Social.* Brasília: MPS, 2004.

OCDE – ORGANIZATION FOR ECONOMIC CO-OPERATION AND DEVELOPMENT. Avaliações da OCDE sobre governança pública: avaliação da OCDE sobre o sistema de integridade da Administração Pública Federal brasileira – Gerenciando riscos por uma administração pública mais íntegra. *OECD Publishing,* 2011. Disponível em: http://www.cgu.gov.br/assuntos/articulacao-internacional/convencao-da-ocde/arquivos/avaliacaointegridadebrasileiraocde.pdf/view.

OXFORD DICTIONARIES. *Compliance.* [s.d.]. Disponível em: https://en.oxforddictionaries.com/definition/compliance. Acesso em: 20 fev. 2017.

OXFORD DICTIONARIES. *Governance.* [s.d.]. Disponível em: http://www.oxforddictionaries.com/definition/english/governance. Acesso em: 20 fev. 2017.

PADOVEZE, Clóvis Luis; BERTOLICCI, Ricardo Galinari. *Gerenciamento de risco coorporativo em controladoria.* São Paulo: Cengage Learning, 2008.

PWC. *Enterprise risk management in the public sector* – 2015 Survey Results. [s.l.]: PwC; AFERM, 2015. Disponível em: http://www.pwc.com/us/en/public-sector/publications/enterprise-risk-management.html.

RIMS – RISK AND INSURANCE MANAGEMENT SOCIETY. *Rims executive report* – The risk perspective. Exploring risk appetite and risk tolerance. Nova York: RIMS, 2012.

SIMÃO, Valdir Moysés; VIANNA, Marcelo Pontes. *O acordo de leniência na Lei Anticorrupção*: histórico, desafios e perspectivas. São Paulo: Trevisan, 2017.

SLOMSKI, V. et al. *Governança corporativa e governança na gestão pública.* São Paulo: Atlas, 2008.

TALEB, Nassim N.; SPITZNAGEL, Mark W. Seis erros que o Executivo comete na gestão de riscos. *Harvard Business Review Brasil,* out. 2014. Disponível em: http://hbrbr.uol.com.br/seis-erros-que-o-executivo-comete-na-gestao-de-riscos/.

TCU – TRIBUNAL DE CONTAS DA UNIÃO. *Acórdão nº 2467/2013-TCU-Plenário.* Ata 35, Sessão de 11.09.2013. Levantamento de auditoria para elaboração de indicador para medir o grau de maturidade de entidades públicas na gestão de riscos. Brasília: TCU, 2013.

TCU – TRIBUNAL DE CONTAS DA UNIÃO. *Critérios gerais de controle interno na Administração Pública.* Um estudo dos modelos e das normas disciplinadoras em diversos países. Brasília: TCU, 2009.

TCU – TRIBUNAL DE CONTAS DA UNIÃO. *Instrução Normativa 63/2010.* Estabelece normas de organização e de apresentação dos relatórios de gestão e das peças complementares que constituirão os processos de contas da administração pública federal, para julgamento do Tribunal de Contas da União, nos termos do Art. 7º da Lei nº 8.443, de 1992. Brasília: TCU, 2010.

TCU – TRIBUNAL DE CONTAS DA UNIÃO. *Levantamento de governança e gestão de pessoas.* Brasília: TCU, 2016.

TCU – TRIBUNAL DE CONTAS DA UNIÃO. *Portaria Segecex nº 9,* de 18 de maio de 2017. Aprova o documento "Roteiro de Auditoria de Gestão de Riscos". Brasília: TCU, 2017a.

TCU – TRIBUNAL DE CONTAS DA UNIÃO. *Referencial básico de governança aplicável a órgãos e entidades da administração pública*. Versão 2. Brasília: TCU, Secretaria de Planejamento, Governança e Gestão (Seplan), 2014.

TCU – TRIBUNAL DE CONTAS DA UNIÃO. *Referencial de combate à fraude e à corrupção*. Brasília: TCU, 2017b.

THE WORLD BANK. *Governance and development*. Washington, DC: The World Bank, 1992. Disponível em: http://documents.worldbank.org/curated/pt/604951468739447676/pdf/multi-page.pdf.

THE WORLD BANK. *Relatório anual de 2013*. Washington, DC: The World Bank, 2013.

UK – UNITED KINGDOM. *The Orange Book*: Management of risk – Principles and concepts. Norwich: HM Treasury, 2004. Disponível em: www.who.int/management/general/risk/managementofrisk.pdf.

WILDAVSKY, Aaron. No risk is the highest risk of all. *American Scientist*, n. 67, 1979.

Esta obra foi composta em fonte Palatino Linotype, corpo 10
e impressa em papel Polen Bold 70g (miolo) e Supremo 250g (capa)
pela Gráfica Formato, em Belo Horizonte/MG.